U0054542

思想觀念的帶動者

文化現象的觀察者

本土經驗的整理者

生命故事的關懷者

Living

直探宇宙隱藏的跳動

承受如夢召喚的牽引

走過遠方驚喜的記憶

迎向生命更深的信息

尼泊爾，
花花巴士

圖·文—陳斐翡　　攝影—尹珪烈

A Summer Story from Nepal

窗前走過的人影

今晨坐在窗前，

世界像一位過路的人，

在窗前停留片刻，

向我點一點頭，

便又走開了。
　　　　　　　——泰戈爾《漂鳥集》

把 防風外套疊好，和球鞋一起塞進背包最下層，翻出涼鞋套上，背起行囊，回顧房間最後一眼——確定沒有遺漏，除了將保暖用的毛線帽和長袖厚棉衫留在了床上，在未來的路程我不再需要它們，我將一直往南、往南，離開暄暄雪嶽、穿越山谷，到熱帶的空氣

裡去。

　　那是在西藏的最後一個早上，無雨，陽光將現未現，霧氣卻有些重，我即將跨過邊境，走進尼泊爾，一種並不知道數週以後將在類似的濕潤早晨裡又離開她的新鮮心情，走向她。離開西藏的路通向山谷，我流著汗走下坡道，穿過溪谷，再登上小丘，尼泊爾一直在眼前，等我慢慢靠近。

　　這樣見面的方式似乎成為這趟旅程的象徵，一如尼泊爾夏季雪山秀顏總掩在雲霧裡，身在其中，卻一直想著要見她。

　　儘管每天徘徊來去的地方不是古蹟就是廟宇，但在尼泊爾的日子，與其說旅行，更像是生活。起居作息固定，晨起去搭車、走路、作筆記、畫圖，傍晚擠公車回到同一間屋子裡，去相同的餐廳吃飯，走過相同的街去購物，買水、可樂和泡麵，老是遇見那些人，聊著類似的寒暄，遇見顏色相似的牛，隔幾日總會不小心又踩進它們的糞便裡。鮮少讓人驚嚇、腎上腺加速分泌的事物發生。

　　觀光發展許久的加德滿都、波卡拉，有張國際化的迎人笑臉，即使過客也輕易建立起自己的生活軌道，安穩下來。在塔美爾區、費娃湖區來往流動的國際旅人有時比尼泊爾當地人更多，法國人、德國人、西藏人、日本人、韓國人……他們之中有些甚至是在這裡長住，已然安身立命，成為另一種尼泊爾人。

　　尼泊爾給予旅人方便舒適，卻不代表平淡。阿山路（Ason Rd.）

的市場是加德滿都最繁鬧的市集,附近巷弄經常擠得水洩不通,三輪車、行人、機車和汽車塞成一團,喇叭四鳴,就連三輪車都備有卡車喇叭般的聲勢,一片動彈不得卻又喧鬧不已,這裡具有莫名而神奇的吸引力。

有空我就會到到阿山路附近買夏季才有的紅李子,順便到附近舖子點份印度撲里(Puri)、可樂搭配印度妖嬈歌舞樂一起吃,然後回到人群裡,爬到旁邊建築物階梯上往下看,在西斜的燦燦金光中,不論階級職業或性別,水果販、三輪車伕、汽車司機、旅人、上下學的孩子、歸家或購物的當地行人,還有四下晃蕩的沙篤(Sadu,印度教修行者)、牛隻和狗兒,大家全都堵在這裡,而一所擁有數百年歷史的廟宇就立在路旁。

眾生行路往返,焦急不耐欣喜無聊期盼或悠閒各種情緒,都在這一方天地裡蔓延溢流,這幅景象像是在佛教寺廟前壁必定繪上的生命輪迴圖。吃飽喝足的我,無欲無情地站在一邊看,所以明白,愈是身在其中,愈是看不分明。那讓我恍然看見經常置身在車水馬龍台灣街頭芸芸眾生裡的我。

古城裡行乞的孩子們,是記憶裡另一道鮮明的影子。

許多旅人和書籍教我,不該隨意給錢,以免讓孩子認為乞討理所當然而不思振作。但如果和家人露宿街頭,被大人規定必須背起弟妹涎著臉向人行乞的是我呢?如果貧乏所有、一生都無法離開出生的這

座山頭，卻欣羨外來旅客嶄新的鞋以及口裡的糖果麵包的是我呢？一旦想到這裡，即使明白那乞討行為背後糾結著複雜的傳統價值、心理機轉與社會結構問題，即使知道那幾塊錢除了能安慰我自己以外，對孩子們其實毫無意義，還是無法絕然地撇開頭去，置之不裡。

知道自己只是來到尼泊爾的旅人，而且，既不是第一個，也不會是最後一個，毫無立場評論這片土地的社會情況，但是我至少可以照顧自己，處理好自己的部分：不給錢，只分享食物和糖。跟孩子一塊坐在階梯上吃東西，似乎讓我覺得舒服些，不再左右為難，並試著在這裡找到一個適合自己的位置，以及與尼泊爾的關係——其實我終將要離開。

尼泊爾東西寬、南北窄的瘦長形國土，從北區邊境往南走，不過400公里路程，就到了銜接印度的國境線上。帶我離開尼泊爾的路在平原上，是佛教北傳至尼泊爾、西藏的路徑，走著走著，恍然想起我們正回溯千年前佛教的來時路而行。

南方邊境小城平緩無坡的地面，積著昨夜的雨水，我必須一跳一跳地跨過泥水坑，避免讓腳指頭弄濕。其實只有幾步遠，為我蓋章的尼泊爾海關人員坐在像是公共電話亭的崗哨裡，對我微笑。歡迎下次來訪。象徵國界的欄杆升高到我頭頂上方，再跨兩步，土地彷彿變了顏色，空氣也變得不一樣。回頭，望向彼岸的天空，頓然確知自己已經離開，或者該說——尼泊爾像是經過我窗前的一位旅人，對我點點

頭，清淡一瞥便轉身離去。

　　直到回家以後，曾經到過尼泊爾，在那片天空下生活過的感覺方才清晰，在記憶裡活蹦亂跳起來。也只有記憶知道，在那清淡眼神裡可能的重量。

目錄

尼泊爾，花花巴士

山谷邊城

蹲在山城一家川味小吃店裡喝青菜豆腐湯，已經晚上十一點多了，老闆娘端來炒飯時，我不禁跟她道歉，不好意思，這麼晚還來吃飯，因為巴士才剛到……

沒想到老闆娘爽朗一笑，毫不以為意地揮手：「沒的事，現在還不晚，我都是開到清晨五點。」

喔，恍然大悟，樟木是邊境嘛，中國的邊境城市最是燈紅酒綠，即便是西藏的邊城也不會例外。從下車的地方沿著坡道走下來，街上暗影幢幢，幾戶透著紅光窗子的人家是特種營業，適才見老闆娘擦擦洗洗以為她在準備關門，原來，因應這裡消費客人的作息，其實這家小吃店現在才剛開門。

喝著豆腐湯，額上汗意逐漸凝聚。算一算不過十個小時以前，在雪地上的記憶，倒是恍如隔世，像一場醒來猶然清晰的夢境。

時間再往前推，前一天的我還在3600公尺高的拉薩城裡，明亮

的陽光、湛藍天空，和穿著紅色袈裟的阿尼們在大昭寺前聊天。午後才背著行李依約到候車地點等旅行社的巴士，上車後，巴士在城裡轉了一圈載滿乘客，便駛向曲水大橋，往遙遙西南邊境奔去。

更早以前，我在家裡為這次出門做功課。找資料的同時，聽見尼泊爾接連傳來的壞消息：2005年二月賈南德拉國王（King Gyanendra）宣布解散政府（2002年時已解散國會），全國戒嚴，機場關閉，政府重要官員都遭到軟禁，並且切斷所有對外通訊；三月時，一直在山區活動的毛派份子，據說在全國各地與政府軍對峙，不時有零星攻擊行動，並封鎖部分地區公路，緊張情勢升高……

尼泊爾政治情勢不明，更加認真找尋資訊，但是越尋找，我越發迷糊起來。關於藏尼陸路之間的情況，外國網站的資訊和台灣網路上的消息竟然完全不同，後者聽說巴士不通，簽證好像無法取得；前者說往尼泊爾的陸路通，而且非常通，簽證取得方便。

於是抱著疑問出門的我，在上車以前，並不會知道在這輛駛向邊境的巴士乘客裡，背包旅人竟然佔了半數以上。

除了我以外，還有一個以色列人、六個中國人、二個韓國人、三個美國人，和一個澳洲人和日本人，全是背著背包旅行的年輕人，氣氛輕鬆平常，一點也不像正要前往一個正在內戰的國家。這條國際公路早在十年前就已是熱門旅遊路線，之前我果然是窮緊張了，只是心裡依然有顆抹不去的疙瘩——我猶未拿到尼泊爾簽證。

車上其他乘客多是在邊境作生意，或抱著新希望前往尋求發展的藏人，扛著一箱箱中國牛肉泡麵、飲料和許多蘋果；有一群阿尼，是到拉薩朝聖後回家的，背著經書和印刷的菩薩畫像，臉上有興奮，和幾許滿足的疲憊。

此外還有兩位尼泊爾人，其中一個是尼泊爾籍喇嘛，寧瑪派的多傑喇嘛長髮蓄鬚，當車子一過曲水大橋駛上山路，便聽見他自後座傳來的誦經聲，沉穩重複的音節，讓人聽了心上安穩。

另一位尼泊爾青年拉吉自稱是廓爾喀人（Gurkha），原本是到拉薩工作的，不明為何又被安排返鄉；送他上車的中國老闆沒替他預定位子，車行顛簸，司機要他坐在駕駛位旁的引擎蓋上，他卻斯文含笑拒絕了，就這樣一路站在車門邊，腿痠了便倚著扶手欄杆，直到第二天有人在中途下車，他才得以安座。

拉吉對不舒適的超強忍受力，讓我聯想到無數馱著重物來去雪峰之間的雪巴（Sherpa）無名英雄，見他偎在欄杆上安然瞌睡的樣子，叫我好生佩服。

國際友誼公路的前段正在整修中，車子只得繞行一般鄉道，其實在沿著雅魯藏布的新公路開鑿以前，這條山路也是自拉薩通往日喀則的唯一路徑：從曲水往南越過雅魯藏布，沿著羊卓雍措湖岸走一段，向西到達江孜。登上康巴拉山口就能見到那一彎翠綠湖水，遠處雪山堆疊連綿直到墨藍色天際，最高的那一座諾金康倉

（Nuojinkancan），高7191公尺的雪峰頭頂端已經伸進雲裡了。

　　當車子從山口一路向下彎行，開始沿著羊卓雍措湖岸走，巴士裡也掀起一陣騷動，旅人們紛紛拿出相機，趴在窗上拍照，湖岸在左，大家就擠到左面去，轉一個彎，大家又手腳一致地全移到另一邊窗上，巴士裡頓然有了觀光的氣味。

　　雨季提早開始了，佈滿坑洞的道路難免泥濘，為了趕路，蓄著鬍鬚的司機先生雖然身形瘦小，仍是不折不扣的康巴，開起車子豪氣萬千，不怕沙塵、泥濘，更不怕坑洞。兩天的旅途中，康巴大哥只換了一次輪胎，因為修路而四次停頓，還有無數次停車是為引擎有怪聲必須檢修，其中包括一次要大家下車去撿大石塊，堆在有如泥沼的路面上，再一起把車子推過去。除此車子幾乎沒停過。

　　從江孜到日喀則後，接上友誼公路繼續西行，穿越荒涼土石山景和偶爾出現的村落青稞田，在老定日（Tingri）之後，道路攀向這條國際公路的最高處，珠穆朗瑪（Everest）、西夏班瑪（Shishapangma）、措奧友（Chooyu）、洛策（Lhotse）、瑪卡魯峰（Makalu），諸多8000公尺以上群山擁著雲霧一字排開，立於天際。

　　車子一路沿著開闊山口而行，前路蒼茫，向前延伸消失於地平

線，我們好像奔馳在一座特大號平台上。灰白色天空壓得低低的，觸手可及。

感覺眾人屏息，都被眼前奇異美景愕住了，耳中又響起多傑喇嘛的誦經聲，低緩卻又渾厚。坐在前面的澳洲旅人是個愛山的人，沒有帶相機，卻帶了望遠鏡，望著山景的神情十分虔敬；日本旅人是個笑容甜美的姑娘，視線一接觸便會客氣地點頭微笑，一只小巧的sonic handy cam 幾乎不離手。

三個美國人都是現代嬉皮打扮，一頭毛茸茸的濕婆派修行者鬈髮，其中的女子長相秀美、神似某位好萊塢女明星，另兩名男子搶著獻殷勤，有時誇張的表現有如過動兒，下車不走車門，總像猴子一般爬窗子出去，但這會兒兩個大男生都安靜下來，對著山景默默舉起相機。

以色列女孩的長長鬈髮總是半掩著臉，只露出尖俏下巴，酷酷地一個人抽煙，這次旅行她已經走過印度北部、尼泊爾，繞過西藏後，現下要回到加德滿都去搭回程飛機。在這片區域裡來來去去的

背包旅人，其實眾人的路線都差不多，以旅遊環境便利的尼泊爾為中心，有人先走西藏、有人則先轉一圈印度或拉達克、喀什米爾，走來轉去都要經過尼泊爾。即使內戰中的尼泊爾，依然是這片大地最舒適的休息點，讓探訪古老平原和壯麗高山的腳步，在這裡歇一口氣。

中國背包旅人團或許是第一次出國門，樣子顯得異常興奮，動作也誇張起來，幾個人輪流趴在車門上拍照，一路上吃喝不停，大聲談笑著。懂得幾句中文的尼泊爾青年拉吉，便成為他們探問詢息的對象——

尼泊爾有公車嗎？

聽說TATA車是最便宜的、長什麼樣子啊？（TATA是印度車廠牌，我也很納悶——他們這樣問是想要買車子嗎？）

加德滿都住宿地方好不好找？

餐廳在哪裡的尼泊爾話該怎麼說？

招待所在哪裡又怎麼說？

那上廁所呢，說WC，尼泊爾人聽不聽得懂啊？

……

一堆希奇古怪的問題，讓窮於應付的拉吉最後尷尬地笑僵著臉回答：「尼泊爾……說英文也可以的。」

第二天深夜，巴士終於駛進中國邊境城市樟木，山城蜿蜒的坡

道上塞滿了車子，從大卡車、巴士到小汽車、機車，眾車緩行如牛步，然後巴士就和對面方向試圖貼身而過的大卡車擦撞了。

性子火烈的康巴大哥下車去理論。眼看一時半刻動彈不得，美國人率先收拾背包爬窗子出去，其他旅客也不願等巴士靠站，紛紛下車自行去找住處。就在離去以前，我看見中國背包團一邊收拾，一邊還指手畫腳黏著拉吉問明天過境的事：

海關那邊有公車去加德滿都嗎？

車子多不多？

是小車還是大車？

在哪兒買票呀？

那個毛派是怎麼回事，還打嗎？……

完全聽得懂中文的我，在路上每聽見他們發問，就得忍著笑，但等到坐進小吃店裡，點了菜以後，想起他們，我又笑不出來了。就是因為缺乏資訊，才會抓著人緊張追問那些完全狀況外的蠢怪問題吧。毫無國外旅行經驗，又在無法掌握資訊的情況下依然上路，該不該算是有勇氣呢？

從他們，我想到了自己，想到還沒有拿到彼國簽證，卻在半夜裡坐在這座邊境山城喝湯的自己，就再也笑不出來了。

認識尼泊爾

國名：Kingdom of Nepal

位置：位於南亞地區，深居內陸，北臨喜瑪拉雅山脈，向南銜接印度次大陸

面積：147,181平方公尺，約台灣的四倍大

人口：2700萬人

政府：君主立憲。現任國王為賈南德拉（His Majesty King Gyanendra Bir Bikram Shah Dev）。

首都：加德滿都（Kathmandu，約130萬人口）

種族：尼瓦（Newar），雪巴（Sherpa），古倫（Gurung），雷（Rai），馬嘉
　　　（Magar），林布（Limbu），大蒙（Tamang），塔魯（Tharu）等族，還
　　　有來自印度及西藏移民。
語言：有70多種方言。官方語言為尼泊爾語。
宗教：印度教為國教，有90％以上的信仰人口，不過在尼泊爾印度教和佛教
　　　的信仰有很大部分重疊。
時差：較台灣晚2小時15分鐘。
通行貨幣：尼泊爾盧比（Roupees，簡寫Rs），有些商店也通用印度盧比。
　　　　　100尼泊爾盧比約等於160印度盧比。1美金大約是70Rs，簡單換
　　　　　算，台幣1元差不多是2Rs。
氣候：（溫度與季節）

波卡拉等農村地區的雨具，以竹
編舖上蓑衣或塑膠布。

筆 記

【入境路線】

＊尼泊爾段長約128公里。

寇達里（Kodali）──→巴拉比塞（Barabise）──→加德滿都。

＊西藏路段全長771公里。

拉薩──→大竹──→日喀則──→拉孜

──→白壩──→定日──→聶拉木──→樟木。

【資訊筆記1】

＊網站：

背包客網站：
http://www.backpackers.com.tw

尼泊爾政府網站：
http://www.nepal.gov.np

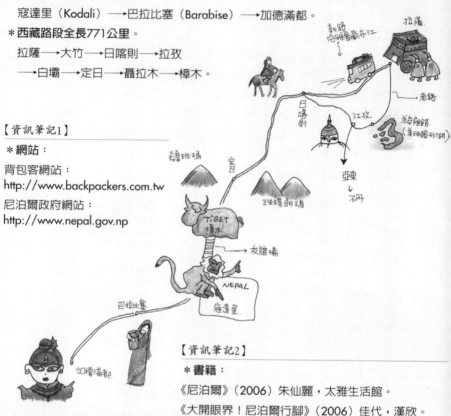

【資訊筆記2】

＊書籍：

《尼泊爾》（2006）朱仙麗，太雅生活館。

《大開眼界！尼泊爾行腳》（2006）佳代，漢欣。

《Lonely Planet Nepal》（2006）Mayhew, Bradley，Lonely Planet。

《Nepal Mountaineering Guide》（2006）Baggaley, David，Globe Pequot Pr。

《毘濕奴之死》（2005）曼尼爾・蘇瑞（Manil Suri），心靈工坊。

《河經》（2004）吉塔・梅塔（Gita Mehta），心靈工坊。

《尼泊爾史：雪峰之側的古老王國》（2004）洪霞，三民。

《山城的微笑──尼泊爾的不浪漫旅程》（2004）鍾文音，地球書房。

《尼泊爾》（2002）協和國際國際編輯部，協和國際。

【簽證筆記】

哪裡辦？尼泊爾可採落地簽，航空或陸路入境海關都可以申請。

怎麼辦？備妥二張照片，填妥申請表數張，繳交費用30美金。

停留期？當年第一次申請60天，第二次30天。

啥時間？海關辦公室17:00關閉。

【交通筆記】

怎麼走？

1.吉普車。自西藏經陸路到尼泊爾的旅程，是自助旅行的熱門路線（反方向也是），來往的旅人多，車子也多，可以在拉薩請旅行社安排吉普車邊玩邊走（例如到老定日就可岔去珠穆朗瑪基地營），最後到邊境樟木。

2.搭巴士。可以只用兩天時間搭巴士，馬不停蹄直奔邊境樟木（車費約300元人民幣）。

找車子？

拉薩各旅行社常有派往邊境樟木接團隊旅客的巴士，會在去程順道載客人，或可詢問各家背包旅者聚集的旅館附設旅行社，或是看旅館佈告欄張貼的消息也可以。最好出發前數日預訂。

怎麼通關？

自樟木通過友誼橋，是尼泊爾的邊境寇達里，兩國海關間公路近10公里，通過中國海關後可搭當地小貨車或廂型車（車費10元人民幣），也可沿山徑步行約4公里，需時1～1.5小時。

怎麼去加德滿都？

1.直達加德滿都的最後一班巴士在午後兩點出發，若錯過了，可先搭車到巴拉比塞宿一晚，第二天再往加德滿都。

2.可邀集旅伴一起租吉普車。

找車子？

巴士和吉普車都停在寇達里唯一的道路路邊，找到車主問價錢即可。巴士往巴拉比塞車費約55Rs（車程約4小時），往加德滿都150Rs（車程5小時）。

走，走，走到大門口……

首先感覺到的變化是鼻尖上濕熱的空氣，腳步順著蜿蜒坡道而下，然後是盈眼的綠意。綠色山壁陡峭地向上伸進天空裡，另一邊是溪谷，流水涓涓。空氣裡熱氣浮動，肩後的背包逐漸變得沉重，也悶得背部不斷滲汗。

載著過境旅客的小貨車在身後鳴著喇叭，我退到山壁邊，讓出路來。剛才等在中國海關出口拉客人的司機經過我時特意放慢車速，自車窗探出頭來：「到尼泊爾那邊還有10公里，沒有騙你啦！」

「我知道我知道。」我笑著說，一面拿下帽子伸手抹臉上的汗。我的樣子應該頗為狼狽，所以他索性停了車看我是不是後悔。

見我依然站在原地不動，沒有要爬上車的意思，他對旁邊的乘客搖頭：「她還是不信喔，真的很遠，走不到啦……」逕自往前駛去的車屁股對著我噴了一大堆黑煙。我當然相信他沒有騙我，兩國海關之間距離8公里多，那是公路的長度，但如果走下山谷穿越谷

地，走上一條山徑全程就只有4公里。4公里不算遠，只是谷地氣候悶熱，剛從高原上下來的我還有些適應不良。拚命冒汗。

　　一大早起床就衝向山城的坡道，路邊買的油條還抓在手裡，邊走邊啃。一定要趕在中午以前通過中國和尼泊爾海關，才能趕上自邊境寇達里開往加德滿都的巴士。而且，我還要花些時間申請簽證。各國過來人旅客、網站、外文旅遊書，大家都說很容易，只要三步驟：填表格、貼照片、付錢，就可以在護照上得到一個漂漂亮亮的簽證貼紙。但是在拉薩的尼泊爾領事館，當我填好申請表、穩穩貼上照片，雙手呈上去——辦事員一看見台灣護照卻猛搖頭，他笑嘻嘻地告訴我：這裡不行。為什麼不行？他沒有回答我，卻說：邊境可以。真的可以嗎？猛搖頭變成猛點頭，邊境可以，真的。目光真誠。

　　我想自己是情願相信他的，領事館人員沒必要騙我，只是台灣人辦簽證常常比一般國家的人麻煩，最慘的情況是吃閉門羹（我在加德滿都的印度領事館就連吃了二次，當我想嘗試第三次時，甚至被揪出排隊的隊伍）就算最後拿到了，過程總要曲折點。這次又該如何曲折呢？

　　好吧，答案就要揭曉，繞過山路最後一段彎道，再走下山谷，就可以踏上友誼橋，走向那個一直對我飄著濃霧的國家。看見那獨特的雙三角國旗迎風飄揚，下方一幢樸素水泥建築，雖然不像中國

西藏出關

一直擔憂著尼泊爾簽證的我，完全擔心錯了方向。其實真正麻煩、應該要小心的是——中國海關。他們的檢查極為繁瑣耗時間，一個美國人（就是和我同車，像過動兒一樣老是在爬窗子的那人）因為一邊嚼口香糖一邊接受訊問，態度吊兒啷噹，結果被抓進後面的小房間裡，打開行李又脫衣脫褲檢查，搞得灰頭土臉。我瞥見所有中國警察眉來眼去得意地笑，他們是故意惡整他的。

官員似乎窮極無聊，遇到每個旅客都是東問西問，一副捨不得放行的樣子。所以回答問題盡量和善配合，不要給官員刁難的機會。我曾被問到入藏許可證的問題，還被要求拿出來看一下。

中國出境海關

「我沒有。」我老實回答。

「那你怎麼進去西藏的？」

「從成都搭飛機進去的。」（我撒謊的，但這卻是最安全的回答。搭飛機是外國人入藏最合中國政府期待的途徑，因為從購買機票開始，完全交由國家旅行社來處理。）

「那應該會有西藏旅行證才對。」

「我不知道啊，旅行社沒有給。他們只給我機票，而且在西藏各地走，我還去了阿里，從來也沒有公安要我給西藏旅行證，他們只看台胞證。」（這是事實。）

「真的嗎？」這位年輕公安自己也搞不清楚似地挑眉聳肩，然後說我是他遇見的第一位台灣旅客，他很高興（不明白他為什麼高興？），祝我旅途愉快，便把台胞證還給我了。

自樟木出境，中國海關也許會詢問西藏旅行證的事，沒有證件也無需驚慌，好言回答即可，因為出境時西藏旅行證不是必須的。可是走反方向，由尼泊爾入境西藏就一定需要西藏旅行證了（因為這裡是西藏唯一開放的邊境海關，自然嚴格），也就是必須透過尼泊爾旅行社安排，參加團隊，才得以進入西藏。

關於尼泊爾簽證的事，要再囉唆一下：

在拉薩雖然設有尼泊爾領事館，各國旅客都可以申請簽證，唯獨台灣人不行。台灣人可以在尼國邊境海關直接申請落地簽證。填妥申請表、貼上照片，繳付30美金即可。

海關那樣擺出大陣仗，但前方身材挺拔、樣貌威武的駐軍，氣勢頗能懾人，想必就是那大名鼎鼎的廓爾喀軍人了。

一進門發現裡面很熱鬧，客人很多，都是要申請簽證或排隊等著蓋入境章。三張桌子，三位官員，三張樸素黝黑的臉。一個發單子、收錢，一個檢查申請表和護照，最後一位表情最是凝肅，果然是執章者，由他來蓋章給簽證。一條生產線作業，的確迅捷便利，十分鐘就拿到簽證和入境戳章。大家笑嘻嘻。

屋子裡其實氣氛輕鬆，像某個公家機關辦事處，像郵局。發單子的先生先發給我一張小表格，半晌他瞪過我身後見到護照，又把小單子抽走，給了我兩張大單子，之後又抽走一張大單子，把剛才的小單子還給我。雖然有些搞不清狀況，但我沒意見，我衝著他微笑。不論要我填多少單子都可以，只要給我簽證就行。

出發前只有謠言和猜測，到拉薩四下打聽，情況便逐漸清晰。走到這個國家的門口，赫然發現一切是如此簡單明朗。除了在拉薩無法辦理，必須多填張單子，以及簽證不貼在台灣的護照本上，對待就和他國旅人無異了。沒有多問幾句，也沒有拿著我的護照前後多翻幾下、狐疑地多看兩眼，簽證就這樣漂亮整齊地貼給我！

這麼輕易拿到簽證，一時有些反應不過來。背起行李時忍不住想，過去我一直以為的濃霧也許並不存在。看不分明，該不會是因過多而不必要的想像，戲劇化地為自己在眼前製造了煙幕？

因為失誤太多

　　走出尼泊爾海關，發現通往國內的路面上竟然塞滿了車輛和人。在國境線上塞車？還是發生交通事故？仔細看，不論車或人，大家都停滯不動，許多旅人甚至在路邊卸了背包，成群結隊懶懶地靠在牆邊閒聊。

　　到處都是人，以為很容易打聽，沒料到大家都不了解狀況，答案一致地聳著肩膀：「今天沒有車子去加德滿都。」沒有車子？可是路上明明停滿了車，這些車都不能動嗎？問什麼原因，沒有人知道。什麼時候會有車？明天吧，不確定。大多數人看來有些苦惱無奈，但也不著急。背包旅人有的就是時間，更何況大家心知肚明，這個國家正在內戰呀。

　　晃來晃去，到處閒聊，最後由一位尼泊爾中年媽媽處得知：因為罷工，所有商店都不開門，所有車輛都停駛，所有人都最好不要動。毛派宣布罷工兩天，意圖癱瘓全國交通，尤其是通往首都的交

33

通，好向獨裁國王展現他們的影響力和民意歸向。不過雖說是罷工，但也不是出於民眾自願，被脅迫的成分佔了大部分，若有人敢不遵從毛派兄弟們的罷工指令，便可能遭受攻擊。

這位中年媽媽說我可以稱呼她嘉瑪辛太太，她在一家雜貨店前的水泥平檯上盤腿坐著，倚牆休息。她也是旅人，假期裡和先生、女兒、女婿、兒子，全家人一起到西藏去玩，現在是回程了。也許是高血壓的原因，數日以來的高山反應在她回到谷地時依然沒有消退。她覺得頭痛欲裂，而且疲倦。談話中間，在雜貨店裡用餐的嘉瑪辛先生端來了一杯水和藥片，嘉瑪辛太太跟我介紹他是一位醫生。然後一位看似她女兒的年輕女孩拿來了一罐洋芋片，熟悉的圓筒長罐包裝，這個國際知名品牌的零嘴，對旅途中的我來說是奢侈品，對一般尼泊爾人來說更是價格不菲。

嘉瑪辛太太繼續對我說，原本以為過了海關，就能坐上家裡司機特地開過來等待他們的休旅車，沒想到竟遇上毛派罷工，現下有車也動不了。我注意到她說起「毛派」這字眼時，輕蹙起眉頭。

身體不舒服，神態舉止卻依然優雅的嘉瑪辛太太打開罐口，先拿幾塊洋芋片遞給我，又拿出幾片示意要給旁邊一直好奇觀看著的孩子們。圍觀的都是當地的孩子，原先一直在人群之間轉來轉去，一面玩笑地向旅人要糖，一面在泥地上玩耍。見嘉瑪辛夫人的舉措，孩子立時恭謹站立，低頭，伸出兩手來接。

這個畫面讓我恍然想起，為何聽見嘉瑪辛太太姓氏時覺得有些熟悉。她的遠祖是六百多年前自印度拉加斯坦地區往北遷徙至谷地的拉其普特人，屬於剎帝利階級（Chhetri，軍人、武士階級，王室及許多政府官員都屬於這個階級），在歷史上是與尼泊爾王室頗有淵源的一支貴族。我也敏感想到，她正是現下毛派份子試圖推翻的革命對象之一。

　　分過洋芋片以後，嘉瑪辛太太才從容慢慢吃起來。褪下涼鞋，倚著牆邊坐著，幾縷髮絲落在額前，這會兒看起來有幾分疲憊的她，果真有落難王族的味道。

　　喝水、吞下藥片，「你贊成毛派份子嗎？」嘉瑪辛太太轉頭問。

　　我搖頭，「我不贊成暴力。」

　　「那你覺得我的國家怎麼樣？」

　　「很美麗。」

　　「政治呢？現在正在打戰不是嗎？」

　　我從未想到，踏進尼泊爾的第一天就會遇上這種討論。老實說感覺有些超現實，很難招架。

　　我盡量保持禮貌地回答，「我沒有立場評論，我只是路過的旅客而已。」

　　「哈——但是我們尼泊爾都靠你們這些旅客呢！」她臉上了然的笑意裡有幾分自嘲，在一段靜默後我聽見她輕輕嘆了口氣：「這

是個美麗的國家，只是有太多的死亡。」

　　就在我和嘉瑪辛太太聊天的當時，我並不知道在尼泊爾西南方，距離我們所在邊境小鎮寇達里約300公里處，一輛滿載乘客駛向奇特旺地區的巴士，違背了毛派份子的罷工命令，觸動他們預先放置的地雷，巴士登時爆炸，53名乘客死亡、70多名乘客受傷，車上除了三名休假返家的軍方人員外，都是平民百姓。

　　數天後到達加德滿都，我在網路上看見這則新聞。

　　「這是個美麗的國家，只是有太多的死亡。」當腦中閃過嘉瑪辛太太這句有如預言的話時，看見下一則新聞，剛巧是毛派領袖普拉昌達（Prachanda）的宣稱：這個攻擊行動，是個失誤。雖是推托之詞，卻也是真話。

　　一切的死亡都是失誤。

歷史年表

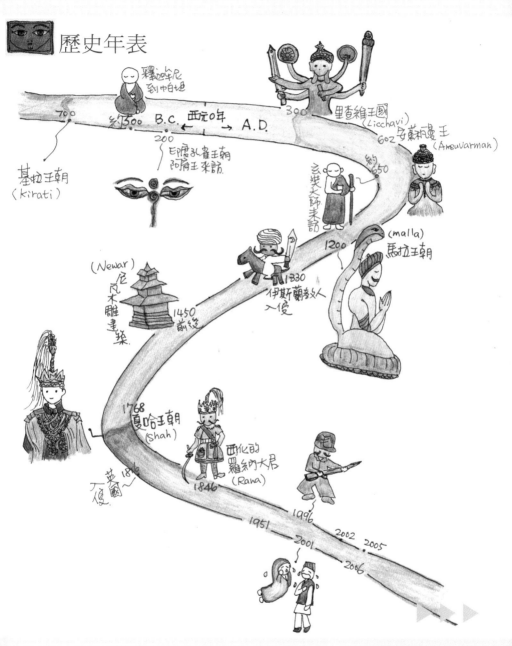

基拉王朝
（Kirati）

700

約1300 B.C. 西元0年 → A.D.

200
印度孔雀王朝
阿育王來訪.

釋迦牟尼
到南尼泊爾

300
里查維王國
（Licchavi）

602 安蘇祖曼王
（Ansuvarman）

約650
玄奘大師來訪

1200
馬拉王朝
（malla）

1330
伊斯蘭教人
入侵

（Newar）
尼瓦木雕建築

1450
前後

1768
夏哈王朝
（Shah）

1846
西化的
羅納大君
（Rana）

1846
英國入侵.

1951
1996
2001
2002 2005
2006

37

因為失誤太多

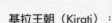

基拉王朝（Kirati）：

* 是尼泊爾最早見於紀錄的王朝。據稱是來自巴比倫的基利人（Kiriath），他
  們到達谷地，建立第一個王國。

* 傳至第七位國王時，釋迦牟尼佛 帶著弟子阿南到帕坦地區（Patan）
  住過一段時間，賜姓鐵匠階級為「釋迦」。

* 阿育王到釋迦牟尼佛出生地——倫比尼立下石柱。在帕坦四
  方立下佛塔，並擴建蘇瓦揚布納特（Swayanbhu-nath）、博
  德納（Bodh-nath）兩座佛塔。

里查維王國（Licchavi）：

* 可能是來自印度北方比哈爾邦（Bihar）和中央邦（Utar
  Pradesh）的拉其普特人（Rajput）所建立的王國，帶來了
  印度教和種姓階級。

* 安蘇瓦曼王（Amsuvarman）：原是印度茇多王子，娶了里查維公
  主，並繼承了王位，時值中國的唐朝。他將妹妹嫁給一位印度王
  子；將女兒嫁給西藏的松贊干布國王（當時唐朝也將文成公主嫁
  給松贊干布），成為藏傳佛教中綠度母的化身，大昭寺內仍安有其
  塑像。

瑪拉王朝（Malla）：

* 1200年由阿利得瓦王 （Arideva）建立新王國。國王是大
  神毘濕奴（Vishnu）的 化身，擁有絕對神權。後繼哈里辛國王
  （Hari Singh）將印度女 神塔雷珠（Taleju，濕婆神妻子化身之
  一）尊為保護皇家的女 神。

* 1330年來自孟加拉的伊斯蘭教徒入侵，破壞谷地寺廟、佛塔。
  印度北方受襲情況更是慘重，難民紛紛逃入谷地周圍，建立大大
  小小46個邦國。

* 1450年前後是藝術文化的黃金時代， 現存的尼瓦式木雕建築，大
  多是當時的作品。

夏哈王朝（Shah）：

* 夏哈王朝祖先是來自拉賈斯坦的拉其普特王子，於1330年回教入侵印度北方時，往北逃避到谷地西方建立廓爾喀王國（Gorkha），於1768年統一了尼泊爾谷地。

* 1814年與英國在台拉河流域發生戰爭，1816年訂立「友好條約」，但其實吃虧地縮小了原本的國土，定下今日的東、西國境。

* 1846年接受西化的羅納大君（Rana），軟禁國王，修法讓拉納家族官位世襲，取代國王統治尼泊爾長達一百多年。

* 1951年特里布文國王（King Tribhuvan）得到印度協助，趕走拉納家族，重新掌握政權。

* 1996毛派份子反王權革命開始。

* 2001皇室血案。國王、王后、王儲等十二位皇室成員皆遭殺害，舉國哀慟。

* 2002新任國王賈南德拉解散國會。

* 2005二月國王解散政府，解除首相等人職務，宣布全國戒嚴，意圖獨攬政權，引起社會嚴正抗議，毛派採取更激烈攻擊行動，並奪得城市之外絕大多數鄉村地區的控制權。

* 2006全國罷工抗議行動激烈展開，律師、記者、醫生、老師等中產階級都走上街頭。有上百名記者同時遭到逮捕，創下世界紀錄。數十萬人不顧國王所下格殺令，在街頭持續近二十天的激烈抗議，4月24日國王終於讓步釋權恢復國會，原首相盡快舉行大選，並成立新政府。5月通過法案，取消國王所掌軍權、法案否決權、指定王位繼承權等原本權利，並進行土地改革，將國王及王室所屬土地收歸國有，讓全民共享。11月21日總理科伊拉剌（G.P.Koirala）與毛派領袖普拉昌達（Prachanda）簽署和平協議，在聯合國監督下，毛派份子將解除武裝，加入過渡政府，與其他政黨共同致力尼泊爾的憲政改革及2007年春天的國會選舉。至此，毛派終於結束超過十年的游擊行動，尼泊爾的和平穩定似已指日可待。

響亮的花花巴士

待在邊城寇達里的第二天，往加德滿都的巴士依然罷駛。小小一座城（就公路邊十幾間屋子，其實比較像一個寨子）擠了許多人，簡單的民居也提供房間、客廳、廚房來充當旅店客房，連屋簷下也睡了人。走到哪裡都覺這裡像是難民村。

聽說往附近的巴拉比塞可以通車，剛好就位於往加德滿都途中。據說毛派份子對邊境的交通比較沒意見。巴士敢上路，在邊城裡悶得慌的旅客們也紛紛跳上了車子。車子裡外都擠滿了人，大多數是當地旅客，個性爽朗的售票員留給我們前面的位子，面對司機、靠著引擎蓋旁的一小排椅子。車頂也坐滿了人，沒空間再放行李，把背包堆在原來應該放腳的地方，於是只能抬高腿，在站著的人們之間找個空隙把腿塞進去。

出發之際，我四處張望，發現這輛擁有四、五十個座位的巴士，竟塞進了近百人（包括掛在車頂上的），擁擠的空間，悶熱的

空氣，扭曲的四肢，只能擠進半邊屁股的位置，讓我們這些號稱會吃苦的背包旅人都禁不住苦著臉。當地人不論有沒有位子坐，卻都是一派高興地笑嘻嘻，只要車子能動，路通了就很樂的樣子。

車子終於啓動，向前滑行，幾位在路邊聊天的年輕人紛紛抓著車門旁鐵杆輕鬆跳上車，繼續談笑。巴士從來不關車門（好像根本沒有門這種東西），這幾個青年一路都掛在車門口，半邊身子在車外晃蕩，衣角迎風招揚，他們是司機助手，服務旅客的車掌，負責上貨下貨、收錢找錢、幫助要爬上車頂的客人推一把、把要擠上車子但又快從車門掉下去的婦女擋一下，必要時也負責和愛殺價的客

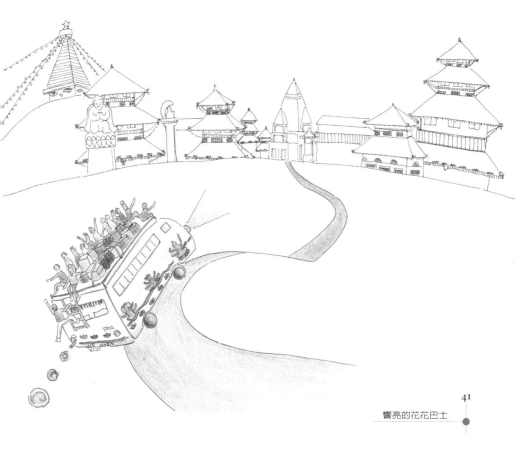

響亮的花花巴士

人講價錢，在這樣忙亂的工作中，他們還能和哥兒們說笑，抓住機會對年輕女孩獻慇懃。忙碌又快活。

司機那一頭的車門也不知去向，和這邊洞開的車門間空氣對流順暢。相對車掌們的熱鬧，司機那裡也不寂寞，他旁邊空蕩蕩的門上也掛了一個人，靠在他身邊，為了壓過自音響流出的高分貝樂聲，兩人都扯著大嗓門聊天。聊到快樂處，司機一面抓著方向盤，一面哈哈哈地笑得前仰後合。

車身鐵皮繪上紅、藍鮮豔的色塊，色塊中畫著俊美的濕婆神，旁邊加上他的妻子帕瓦蒂，還有兒子象神甘尼許，車裡也貼上這個神仙家庭的畫報，擋風玻璃前掛上一串串亮紫橘紅塑膠花和塑膠綠葉作裝飾，加上節奏鮮明、震天嘎響的印度歌舞樂、司機一高興就會按下的喇叭聲，還有路面不平造成車身的匡噹震動聲，整輛巴士完全是喜慶風格，熱鬧非凡。

潺潺溪水，濃濃綠意，在一幅幅安靜的山水裡，我們的花花巴士一路喧嘩著聲音和色彩，向目標前進。

在各種喧鬧的聲音之間，司機和車掌們無法聽見對方話音，車上也沒有停車拉鈴裝置，但是沒問題，最直接簡便的溝通方式——拍擊一下車身是停車；拍兩下，就代表可以再次啟動了。就連乘客自己想下車，只要用力往車壁拍打一下，司機也會戛然煞車。

行駛在山谷間，從一處谷地來到另一個，穿越一個又一個村

寨，當地旅客上車、下車，只要路邊有人揮手，巴士都會爲他停下來。車上乘客們挪動著屁股盡量緊挨在一起，一張椅子同時擠上兩個人是普通的事，婦女們親密地依靠著，臉上綻著愉悅的笑容，耳語著生活裡的新鮮事，不時發出吱吱呵呵的快樂笑聲。雖然聽不懂她們的語言，還是讓我禁不住伸長耳朵，認眞聽起來，彷彿受到氣氛感染似的，回過神才發現自己臉上竟掛著傻兮兮的笑。

不論認不認識，坐著的人會主動爲站的人提東西，一籃香蕉、便當盒或是幾本書，甚至幫忙抱孩子。一段路下來，原以爲那一直抱著孩子、餵孩子喝水吃糖、逗弄孩子笑的男人是爸爸，沒想到他竟然在中途獨自下車了，另一位站著的男人接過孩子，客氣地對他點頭稱謝。

車上一片溫馨甜美氣氛，但是每到一個村寨入口便必須停車檢查的動作，讓人猛然回到現實。每個村口都設有檢查哨，哨站後方挖了掩身溝渠，前方以沙包石塊堆疊，再架上重重鐵絲網，然後插上濃密樹枝草堆作僞裝，一批身著迷彩裝高大的軍人荷槍實彈在四周逡巡。

當地人都必須下車，包括通勤的學生、老師、公務員、到鄰村採買或擺攤的農人，大家帶著證件、隨身行李，步行通過檢查哨，接受查驗身分和物品，只有外國人、老弱和孩子不需要下車。有時軍人也會上車臨檢，握著步槍，凌厲的目光掃過眾人和所有行李，

然後威嚴地下車去。司機和助手們在一旁謹慎地陪著笑。

　　一到某個村口就必須下車、接受檢查、徒步一段路再上車，若是在台灣，每天上學、買菜、上班的路上都必須忍受這樣的不便，我們該會如何怨聲載道？但除了偶爾一閃即逝的不耐神色，他們爬上車時依然言談自若，彷彿剛才只是散了一會兒步，年輕人依然掛在車門上，迎著山林裡吹來的風，傳來興奮的笑聲。

　　車子又在一處哨站停下來，村子裡唯一的小雜貨店旁就是堆著黃土沙袋的軍事戰壕。牽著孩童去上學的婦人、背著大捆草料的老媽媽、提著野果到路上賣的孩子、晃悠悠準備下田的水牛，一一從哨站前走過，慢條斯理地，似乎對身後鐵絲網內所架設的機槍渾然不覺。

　　戰事不息，人們照著原本的平緩步調，日子仍然在過著。

【交通筆記】

＊長途巴士雖然塞滿了人，看
　起來好像隨意亂坐，但自起
　站購買的車票上還是標有座
　號，看不懂尼泊爾文的號碼
　可請司機助手幫忙。

＊當地長途巴士（除非是直達車）在每個村子都
　會停靠，停停走走、上貨下貨花不少時間（因
　此也讓旅程變得有趣），找同行旅人向旅行社
　租車可節省不少時間。

＊路邊檢查哨。通常設置在
　村子入口處，政府軍為檢
　查毛派可疑份子所設，碉
　堡、圍籬和荷槍高大的軍
　人，雖然氣氛有些緊張，
　只要安坐原位即可，軍人
　們絕不會騷擾外國旅客。

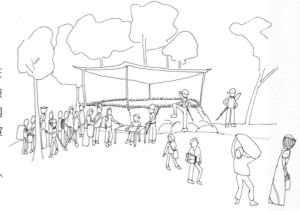

召喚記憶的氣味

巴士在午後時分到達終點。

隨著人們下車，雙腿有了伸展的空間，但是腿麻了，濃眉大眼的巴士助手小伙子催我，背包已被他扛下去，我跌跌撞撞跟著跳下車，但更像是被車子吐出去似的。

巴拉比塞是另一座山谷裡的小鎮，和邊城寇達里比較起來，這裡街道要長上一倍，民居多了些，人氣也旺些。不過，沒有古蹟，也不是登山健行的入口，雖然是自邊境往加德滿都的必經之地，但大多旅客都是驅車匆匆略過，不會停留。這裡的人氣完全出自當地生活的氣息。

觀光客不多，鎮上仍然有為當地旅人服務的客棧。往加德滿都道路封鎖的緣故，旅店幾乎都住滿了。在一家有乾淨小餐廳的旅店落腳，三樓靠後面的房間，房間有一扇窗，開向後方的田野，田野的後面有樹林，中間隔著一道山徑，在我放下背包時，望見一個少

年正趕著牛隻爬上那條山路。

可惜正對窗下的田野角落裡是一堆廢棄物，像是這家旅館專屬的垃圾場，這麼龐大地堆積成一座卡車大小的量，不知積存了多久？我無法開窗。

到餐廳裡點了一份蒸饃饃（momo，西藏水餃），等待的時候我一口氣就把可樂喝個見底，我的身體熱，而且餓。端來的鐵盤子上只放了六顆餃子，還沒動叉子（外國人才會分到叉子，當地人很方便地用右手即可），就又再點一份煎饃饃，等這六顆表皮煎得金黃的餃子也吞進肚子裡之後，還是有飢餓感，又點了兩顆煎蛋，再把另一瓶可樂喝乾，飽足地抬起頭時，發現櫃檯後面的老闆娘正笑嘻嘻望著我。

她眉間點著紅色蒂卡，臉上仍未脫稚氣，看起來大概只有十七歲的模樣，不過已有個三個月大的娃娃了，她穿著粉紫紅綴金邊的旁遮普式長衣（punjabi），還是新婚婦人的裝扮。她總是坐著，幾乎不離開櫃檯的位置，不論客人點菜、點飲料，屁股都不曾移動過，她喊著小廝（一個看來只有十歲大，滿身廚房油污的少年），讓小廝轉來轉去，來問我們要什麼，為我們端水端菜端飲料，收拾桌子和洗碗，幫我們算帳。她只負責收錢。

初進尼泊爾便見識了千年以來像空氣一樣自然存在這個世界的印度種姓制度。這個畫面讓我不舒服，但我知道不舒服是我的問

尼泊爾服飾

* 在尼泊爾街頭看見的男生，許多就像這位尼瓦族阿伯，愛穿傳統的服飾，白色過膝長衣和長褲，冬天再外罩一件黑色外套或黑背心，配上尼瓦族小帽（topi，音：頭皮）。年輕人穿著多已西化（就和我們一樣）。

* 不論男女眉間都會點上蒂卡，那象徵濕婆神額上的第三隻眼睛，每天出門前或是到寺廟祭拜後，點上蒂卡，便代表神的護祐。

* 尼泊爾女生們都在鼻翼上穿孔，戴上墜著寶石的金飾鼻環，越往山區鄉野，鼻環就越大越誇張。

* 女生們愛穿紗麗或是旁遮普長衣，顏色大多頗為鮮豔。

* 紗麗：傳統的女性穿著，是用一整塊寬約1公尺、長4～6公尺的布將身體包裹起來，布料可能是棉紗、絹、綢、絲，現代尼龍等人造纖維因為不易褪色變形、價格便宜，十分流行。紗麗材質輕薄透明，所以裡面多加一件襯裙，和像小可愛的貼身上衣。

＊旁遮普式長衣：不只是尼泊爾，北印度女生們也慣穿的一種衣服款式，過膝的長衣裙，裡面加上同色或採對比色的長褲，褲腳漸收小，落於腳踝，頭上圍著同色系透明長巾。講究的話，整體圖案用色都是搭配好一套的。

＊工作中披掛著紗麗不太方便，將紗麗最後部分纏繞在腰上綁緊，頭上另外綁一塊頭巾隔熱遮陽。

＊冬天在紗麗外罩上毛料或厚棉質料的披肩，可以包頭又裹身體。腳不怕冷，大多還是趿著拖鞋或涼鞋。

＊藏族女生雖然移民或避居到尼泊爾，但還是保持自己民族的穿著習慣，連身長衣裙在腰部繫上帶子，裡面穿襯衫。腰部圍上一塊厚棉布（panden，音：潘墊），工作時可保護衣物避免髒汙磨損。

召喚記憶的氣味

題，是旅人自己要處理的功課。不是他們的。

吃過東西以後，發現陽光已經褪去，水氣氤氳，霧氣漸漸瀰漫，讓巴拉比塞街頭忽然靈氣起來。

站在谷地裡極目望去，到處都是綠的，各種濃淡深淺不一的綠，岩石上的蘚苔、高大的樹蕨、濃密的闊葉木、高高低低的雜草，最遠處山景也是灰綠色的，山景輪廓線彷彿被水氣暈開一般，線條不明地溶入蒼蒼天空裡。

原本不是觀光地，驟然來了許多外國人，為小鎮增添幾分熱鬧，除了旅店以外影響最多的應該就是小吃店，不斷地蒸饅饅，忙碌地一鍋又一鍋，然後是可樂和礦泉水，櫃子裡的現貨迅速賣完，趕緊打開箱子補貨上架，除此街頭上景象似與日常無異。婦人聊著天蹲在門前撿野菜，理髮廳裡有人在剃頭，爺爺抱著孫女哄，一個女孩汲山泉水洗米，幾個男人在下棋，也有人什麼都不做，只是坐在屋前發呆。

居民對我們很好奇（就像我們對他們一樣），不過那好奇只保持在遠遠的注視而已，偷偷看幾眼，當視線接觸時他們會微笑起來；說「納瑪思ㄉㄟ」，他們一定咧嘴笑著回應；如果拿起相機，他們便害羞又興奮地搖著手，掩嘴呵呵笑。沒有人主動攀談問我們哪裡來，沒有人來兜生意，沒有孩子伸手要錢。

空氣裡有燒柴火的煙味，動物、孩子的氣味，還有涼涼的水

意。滿街跑的孩子總是笑著。狗群伸展四肢，懶懶地把身子攤在路邊，要不就戲耍地咬成一堆。山羊晃來晃去，認真覓食。

氣味似曾相識，記憶連結──想起小時候花蓮的外婆家，夏季下過雨的空氣水水的，很乾淨，放暑假的我百無聊賴地從路的這一頭走到那一頭，跟著小黃狗，轉身再走回來。到處都是綠。然後聞見燒柴的味道，外婆正在幫我們燒洗澡水。火堆裡燃著最後的火星炭烟著番薯。香氣襲人。覺得肚子餓了。

這裡也是，街上沒什麼花樣好玩，也沒什麼零食。婦人蹲在路邊的草地上，用撿來的乾柴火烤玉米。把玉米直接丟到燃著火的柴堆裡燒，燒得焦黑，香氣四溢。買一支蹲在路邊跟孩子們分著吃，玉米粒很硬，焦黑的炭屑沾上我們的嘴邊和牙齒，咧嘴笑，大家吃得都香。然後，一轉頭發現，夜色已悄悄掩上來。

筆　記

其實各地大多可通英文，學二句尼泊爾話，若有機會與當地人接觸，又倍增
親切囉。

＊**納瑪思ㄉㄟ**（音：Namaste）：尼泊爾、印度北部通用的問候語，源於梵
　　文，字面的意思是「我的神向你的神問好」。說時微笑，雙手合什行禮。

＊**登捏巴的**（音：Denebad）：謝謝。

＊**米透扯**（音：Mitosel）：好吃，好喝，味道好喔。

「納瑪思ㄉㄟ」。說時微笑，雙手合什行禮。

只是在盆子裡裝點水而已

這天聽說毛派份子解禁，大家又擠上巴士快樂上路。

巴士翻過一座又一座山谷，走過一村又一村，經過一個又一個檢查哨站、一群又一群的軍人，越靠近首都，檢查哨站規模越大，檢查也越仔細，之前原本可以安坐車上免受檢查的老先生、老太太，後來在通過哨站時，竟也被無情地要求下車步行接受查驗。終於看見幾個人臉上露出了憤慨的神情。

中途一次，不意瞥見司機助手偷偷將用黑色塑膠袋裝著的二瓶酒（我猜是酒）塞給哨站軍人，好讓巴士得以快速通過，心裡真為老百姓叫屈，這年頭連開巴士也要搞賄賂，日子真的不太好過呢。然而，不論盤查多麼繁瑣麻煩，外國旅客完全在情境之外，不受干擾。那些跳上車、站在我前方的軍人，他們凌厲的目光總是穿透我投射到我身後車廂裡，對他們來說我就像隱形人般不存在。

終於開上頗爲平緩寬敞的路面。人群裡出現了西裝筆挺的上班族，和穿著套裝手指塗上鮮豔寇丹的現代女性，巴士、卡車和進口汽車一起塞在路上，路邊也出現了高大的樓房。我眨眨眼，隔著窗子瞪著眼前景象，眞是再熟悉不過的城市氣味。

　　仔細看，在熟悉景象裡發現了一點不一樣。許多看似仍在建造中的磚砌樓房，卻已經有了濃濃的生活味。原來應該是計畫蓋四層樓房，鋼筋架好到四樓的高度，一、二樓建好，人就搬進去住了，陽台上晾滿衣物，門前安著躺椅、掛著吊床，婦女蹲在門前一面洗衣一面聊天，孩子轉來轉去跑著，然而三樓只有半截牆面，窗子也沒裝；四樓更是只有成堆的紅磚和裸露的鋼筋。

　　依舊不脫山谷居民不拘小節、隨遇而安的性子嗎？

　　新皇宮和政府重要機關前方是條寬敞大馬路，戒備森嚴，重重鐵絲網架在大門外，堆著拒馬、沙包，沙包上軍人架著機槍，準備得可不馬虎。加油站原本是開放空間，鄰近王宮的這一家，直接用沙包和軍人來當門牆，這裡若是遭到攻擊，狀況必然慘烈，於是重兵部署，拒馬和鐵絲圍網交錯排列，車子若要開進去加油，簡直像參加障礙賽，必須以S型路線前進。在十字路口指揮交通的是，配帶步槍和身上掛滿一排排子彈的軍人，車陣來來往往，大家似乎都習慣了這樣的日常路邊風景。

　　好不容易開進市區的巴士總站。一座圓形的空地，周圍環繞著

小吃、水果、雜貨各種店家舖子，空地一緣敞著開向道路，所有車輛都從那裡進出，數百輛巴士先後開進來、鳴著喇叭，停泊或啓動，擠在這塊圓形廣場上，大家幾乎動彈不得，喇叭鳴笛、引擎聲響，小販叫喊，司機助手叫喊，不知推銷什麼的掮客叫喊，旅客也在叫喊……

煙塵瀰漫，環顧四週，像是置身羅馬競技場，我抱著大背包呆立，尚未回過神，細雨也在這時落下。

三年前曾來過，我們依稀記得塔美爾區（Thamel）的方向，拒絕陸續來拉客人的計程車、三輪車，我們背起行李走出這座喧囂的競技場，才過街，綿綿的雨滴卻逐漸變大，穿過拉特納公園時，一群中學生半跑著掠過我們身邊，又好奇地回頭張望，其中一個戴眼鏡的男孩終於忍不住好奇，離開同學撐的傘下，抱著頭又跑回我們身邊。

「你們是從哪裡來的？」英文帶有濃濃的尼泊爾腔。

「巴拉比塞。」我的尼泊爾語一定帶有奇怪的調，但他聽得懂，問說：「從西藏來喔，坐巴士？」

我點頭。

一面走，一面注意不要踩到人行道上的攤販，避免和對面過來的人撞上，以及突然橫伸過來的乞討的手。這是舊城區極熱鬧的一條街，雨天裡人潮依然眾多。

「要去塔美爾？」

我又點頭，這小鬼什麼都知道，這裡外國旅客果然很多。

他的頭髮濕了，前面的同學蹬回來把雨傘的一半傘蔭分給他。真是感情好。

我感覺頭髮上的水滴進了衣領裡，身體幾乎溼透了，只想趕快喝一碗熱湯。

「你們一定要去波卡拉，現在加德滿都下雨，一點都不好玩。」

「是喔，每天下嗎？」

像是親善大使呢，沒聽到我說會去，他不放心似地加強語氣：「波卡拉真的很棒（really wonderful）喔。」

我笑著點頭，「好呀，會去的。」

他跳著及時越過塞滿鳴著喇叭汽車的橫向街道，但我們卡住了，只能停下來等。

隔著街，他對我們喊：「還要走十分鐘，就快到了，納瑪思ㄉㄟ！」雙手合什，臉上掛著笑。

擠過車陣，我心裡只想著熱湯。在逐漸變大的落雨中，加快腳步越過地上一灘灘水漥。

我想到傳說，在久遠以前，加德滿都這片谷地就是一座寧靜的湖泊，是大黑天毘濕奴引雷劈開一道缺口，水流光了，成了一個肥沃的大盆子，人就可以在裡面耕種生活。然後到了每年夏季，天神

又讓這個盆子裡再裝點水，我這個外地人又有什麼好抱怨的呢？

湖泊變城市，寧靜變喧囂。但是人們沒有忘記微笑，即使全身溼透，又冷又餓。

納瑪思ㄉㄟ！加德滿都。我微笑，雙手合什。

只是在盆子裡裝點水而已

加德滿都谷地

這片谷地曾經統一過，也曾經分裂成數十個小邦國，不只加德滿都本身是一座古都，谷地裡有許多座老城鎮，昔時都是大大小小各王國的都城，每座古城裡都有王宮和杜兒巴廣場（Durbar Square，就是王宮廣場的意思，尼泊爾每座古城裡都有），以及眾多寺廟建築和神像。

加德滿都、帕坦、巴他布爾三座古城最著名，好好保留了不少古蹟，但有更多的老建築已頹圮蒼涼，淹沒在荒荒人世。

「這是王妃的房間喔。」在南方小鎮克爾提布爾（Kirtipur），一位尼瓦族阿伯指著二樓的一扇窗對我說。

我抬起頭，年久失修、難掩歲月滄桑的木質建築，定睛細看，才注意到蒼老衰敗的顏色下是雕刻細緻的窗宇橫樑。

窗下一位賣菜的老婦人發出「咻咻」的聲音，揮著手臂，試圖趕走不斷要把頭湊近菜簍子的牛隻。盛烈陽光下，狗群懶懶攤長了身子在陰影裡午睡，白牛緩緩嚼著偷來的菜葉不甘願地踱開，停住，屙出一坨排泄物，前方，老屋子歪斜著，似乎就快塌了。

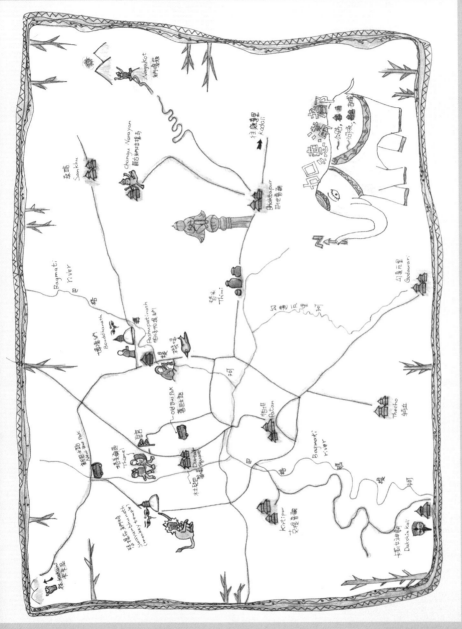

只是在盆子裡裝點水而已

筆　記

塔美爾【交通筆記】

機場怎麼去？搭計程車約20分鐘。

多少錢？車費150Rs左右（在機場大廳櫃檯叫車250Rs）。

舊巴士站（old bus park）怎麼去？

1. 步行，約40分鐘。

2. 搭計程車，約40Rs。

3. 在塔美爾區北端Lekhneth Marg（音：雷可捏罵個）路上有巴士可到。

新巴士站（new bus park）怎麼去？計程車。

多少錢？費用約60Rs。

關於計程車再囉嗦一下：

到達加德滿都，直接往塔美爾區前進，旅人的吃喝拉撒娛樂身體及心靈等等一切生存所需，都可以在那裡得到滿足。走出機場海關，或走下巴士，當迎面望見許多尼泊爾阿伯和小夥子們熱情地走向我，不禁想：難道沒有預約也會有人來迎接？是的！尼泊爾就是這麼熱情，他們的確是「特地」來歡迎我們的，只不過那熱情是衝著旅館的拉客佣金而來。不要被嚇到，只要堅定地說no，走出機場（巴士站）到路邊去找計程車，按著大約價格堅持地去議價就好了。

計程車大多只開到塔美爾區東邊的入口，靠近塔美爾岔口（Thamel chock），在Tridevi Marg （音：崔ㄉㄟ威罵個）路上，從這裡可以步行，塔美爾區並不大（找住宿的技巧請看第85頁）。Kathmandu Guesthouse據說是塔美爾區的第一家民宿旅館，位置也在中心點，就像地標，不論晃到哪裡去了，迷路問路找到它的方向就對了。

Kathmandu peace G.H.

往swayambhunath 的猴子廟

往舊汽車站 巴士

Ｘ kantipath (國往路)
西分 而這是古城區
東邊是新城區。

皇宮

paknajol

Lekhnath marg

塔美爾區

Kathmandu Gesthouse

thamel chock

Tridevi marg 寺廟

Narsing Gate

Kwa Bahal

往波卡拉等地
觀光巴士乘車處

chhetrapati Square

Kanti path

jyatha

Rani Pokhari
皇后池塘

Asan road

Indra chock

Maha Bohddha

Durbar marg

Bag Bazar

往巴他普爾

Durbar Square

New Road

Tundikhel

長途汽車站
往帕坦、布利沙神廟

中央郵局
國際郵件

Bhimson Tower

加德滿都市區地圖

只是在盆子裡裝點水而已

不只是一碗湯麵

沿著康提路（Kanti Path，又稱國王路）往北疾走，還沒有找到住的地方，也還搞不清楚方向，但是烏雲愈聚愈黑直壓下來，悶熱的空氣預告著傾盆大雨轉眼即來。我們一轉進塔美爾區，就鑽進一家餐廳裡，喝熱湯。

背包放下，等候湯麵的時候，順便掏出毛巾來擦濕濕的身體。侍者是一個小伙子，一看見我們濕淋淋地進來，馬上就關了電風扇，開窗。是個細心體貼的人。點過餐以後，幫我們端來水，在桌上擺好餐具，說請我們稍待，便鑽進廚房去了，原來他也是廚師。

電視開著，MTV台，印度電子流行樂，跟巴士上播放的一樣，節奏歡快的男女對唱情歌，這類型的音樂紅遍印度半島，往北流行到谷地來，越過喜馬拉雅山，現在連拉薩的西藏人都愛聽愛看，大昭寺外巴廓街的攤子上除了喇嘛念經的CD和藏族民謠，就是這些音樂DVD了。

螢幕裡群舞的男生女生們肢體靈活，唱作俱佳，表情很是豐富。尤其是眼神，斜睨一眼，眨一下，再嬌嗔地瞪一下，或心喜偷笑著撇開臉，這些細膩的眼部表情動作，搭配快節奏的肢體舞動，讓人嘆為觀止，年輕的女孩們又穿得輕薄短小很性感，像是中亞伊斯蘭教的宮廷舞蹈加上印度風歌謠再加上現代流行電子樂，覺得真是華麗的表演。

　　只瞥一眼，就讓我的視線黏在畫面上，直到湯麵端來，才猛然驚醒，發現自己看著看著，竟莫名其妙地跟著這些帥哥美女傻傻笑起來。

　　這位年輕廚師也是個濃眉大眼的長腿帥哥，從未離開過尼泊爾，但會作出道地的韓國刀削湯麵，湯頭是以小魚乾細火熬過的。他說料理是跟叔叔學的，叔叔以前是英國傭兵，曾駐軍新加坡，後來因緣巧合到韓國去當了兩年廚師，回國後便開了這家韓國餐廳。

　　「你是廓爾喀！」忍不住插話。

　　「你怎麼知道？」

　　英國傭兵、新加坡駐軍，這很容易聯想嘛，簡直就是直接說出答案一樣。真是的，廓爾喀軍人這麼有名，他還一副驚訝的樣子。

　　廓爾喀驍勇善戰，又勇敢、體能又好。

　　我這樣讚美，他竟然害羞地低下頭，「但是我不喜歡戰爭，並不想當軍人。」

他看起來很斯文，這答案並不讓人意外。

「你喜歡作菜，當廚師嗎？」所以，即使他沒吃過真正的東亞料理，卻依然能把東方的湯麵作得這麼好吃？

他搖頭，又害羞了，轉開臉瞥一眼電視，說：「我比較喜歡表演的工作。」

「是唱歌、跳舞還是演戲？」我指著電視螢幕上正在跳舞的人影，「是像他們那樣嗎？」

他什麼話都沒說，尷尬地走到櫃台後面假裝忙事情的樣子。

我真是二百五，問得這麼直接，實在太沒有禮貌了。我們也收拾好去付賬時，我老實跟他道歉。

他笑著說沒關係，「我不可能像他們一樣的，那只是我的一個夢而已啦。」

他這樣說，我更不好意思了。

他雖然是笑著，但眼中的黯然卻是那麼明顯。

東西好吃，在加德滿都的時候，每天總有一餐會到這家餐廳吃飯。發現不只是湯麵，各種小菜、韓式火鍋湯、炒飯味道也都很不錯。曾經聽過一個日本廚師說，作菜調味的確有公式，只要按著步驟作，味道絕對八九不離十，不會有太大問題，但是要作出讓人感動的料理，不是一一按著步驟就能辦到的，必須懷抱著感情，從處理材料開始就用心注意每個細節。

這家餐廳並沒有什麼了不起的菜色，只是每次的湯都是現熬的，南瓜燉煮恰到好的軟度，每根豆芽的細根都捏掉了；喝一口湯，就感覺得到那是用心作出的料理。

　　可能旅遊淡季的關係，每次去吃飯，只有我們這桌客人。去的時候年輕的廚師總在看電視，很認真地抬頭望著電視畫面。

　　他專心望著電視時的背影，讓我想著20歲時什麼都不懂的自己，在提到未來和夢想時，眼裡也曾出現那樣深的悲傷嗎？

　　我當然不再提起那個話題了。

在尼泊爾吃什麼呢？聚集來自各國背包旅行者的地方，也聚集了東西方各國料理，從西式全套早餐、牛排、壽司、中國炒飯、義大利麵到饃饃、西藏麵條（thupa，音似：楚巴）都吃得到。

有趣的還是當地食物，在古城區（塔美爾、帕克納久〔Paknajol〕和阿山路〔Ason road〕這一帶）街巷裡的小餐廳提供當地的食物和點心。見當地人多的餐廳就鑽進去，利用左右觀察法（看鄰桌客人桌上的食物來點餐），進行一場味蕾的探險。

地緣關係，尼泊爾飲食習慣、宗教信仰和印度有相似之處。傳統進食習慣無需刀叉或湯匙、筷子，右手萬能（不用左手，左手是洗屁股用，左撇子也是），不過當地餐廳還是會提供餐具的。介紹一下料理：

Chapati

Dhal-Bhat. Tarkari

一張鐵盤，隔成幾個淺槽（有些不隔），盛裝著米飯、咖哩豆子、馬鈴薯、蔬菜、醬菜和洋蔥、番茄生菜等等，這就是Dal-Bhat Tarkari（音：搭歐巴特塔爾咖哩），字面意思是「蔬菜豆子飯」，有時簡單地只說搭歐巴特。這是尼泊爾人最日常的料理，天天吃，差不多也是餐餐吃。

印度教徒多吃素，豆子用咖哩調味燉煮，蔬菜也用咖哩煮（咖哩其實包含許多種香料，組成不同，呈現出不同風味和顏色，所以有黃咖哩、綠咖哩、紅咖哩等），手指抓起一撮米飯，蘸上咖哩醬汁，配點豆子或蔬菜，和一和，捏一捏，再放進嘴裡。有時也搭配煎餅（Chapati，音：招趴提）一起吃。

puri

Puri（音：撲里）揉好的麵團，在油鍋裡炸，變成金黃色的同時，也漸漸膨脹，膨膨的一大顆，但中間是空心的，其實是一種印度食品，但在加德滿都有些餐廳裡也看得到，我常拿來當早餐。先把大膨餅壓扁，然後就當是一般煎餅一樣，捏成一塊塊蘸著咖哩汁來吃。

Bonybogola（音：波尼波勾拉）一種點心，長得就像小顆Puri一樣，常見到推著腳踏車的路邊攤賣，大小差不多剛好一口一個，用小紙盤裝著鹹醬汁，捏一顆蘸醬汁，一口塞進去，微仰著臉吃，免得醬汁滴在衣服上。

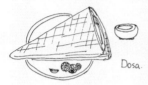

Dosa.

Dosa（音：兜撒）原本是南印度料理。餅皮烤得又薄又脆，大大的一張圓餅皮，包上咖哩或多種香料調味的洋蔥、豆子、蔬菜，對摺又對摺，變成四分之一圓。捏下一塊餅皮，夾著餡料一起吃。

加入香料一起煮的紅茶，再加上牛奶，就是Masala tea（音：馬撒拉替），當地都說Chai（音：哉意，和印度說法一樣）。熱飲，以玻璃杯盛裝，外國旅客餐廳裡有些提供一整壺。老城區巷道裡有路邊攤，一盞爐火燒著茶，加進香料，過濾殘渣，倒入熱過的牛奶，現煮現喝。三輪車夫、小商販工作間歇一會兒，端著茶圍著茶攤天南地北地聊，湊過去，點一杯捧著喝，站在旁邊聽久了他們指手畫腳的聊天，好像也聽得懂。

Tongba（音：通巴）尼泊爾傳統酒，以雜糧發酵製成，有股米香氣。喝時用竹筒盛裝，以吸管來喝。

Chang（音：槍）西藏傳統青稞酒，喝起來像發酵小米酒的味道。

不只是一碗湯麵

古城。三座

加德滿都——從神的木屋開始

原本是谷地裡的聚落中心，逐漸發展到十二世紀時已成爲最大的城市了。加德滿都（Kathmandu）爲什麼叫加德滿都呢，其實和尼泊爾人愛過節日有關。

常常舉辦慶典儀式，熱鬧歡騰的景況連神都忍不住下來偷看。傳說就有一個天神偷跑來看熱鬧，結果遇到一個法術高強的喇嘛，被下了咒，動也動不了，當然也回不了家了；人們開出條件，說拿個天上的東西來換吧，於是人間得到了一棵神樹，讓這個神重新得到自由。

手工藝厲害的尼泊爾人，後來就用這神樹的木頭來蓋房子，建在人來人往最熱鬧的大街上，當作大家聚會的活動中心，房子取名

為卡薩滿達（Kasthamandap），就是木屋的意思。

從一座木屋開始，加德滿都變成谷地裡的大都城，經過千年以後，因為登山探險熱，這個位於世界第一高峰山腳下的國家變得有名氣，到了二十世紀六十年代，歐美國家號稱「花的子民」的嬉皮們隨著披頭四等搖滾樂手的腳步，到山谷裡來尋找自我，追求失落的心靈。不確定當初的嬉皮找到想要的東西了沒，但是確定他們抽了很多的大麻，就連現在，走在塔美爾街上，總有人過來探問我想不想買一點。

塔美爾屬於加德滿都的舊城區，背包旅行者落腳的地方。這裡是我們的天堂，有各國風味食物的餐廳、販售價格便宜的登山用品店（雖然許多是名牌仿冒品）、包含各種登山及旅行資訊的舊書攤，以及許多低價位的民宿客棧。

喜歡古蹟、建築的人可以一年到頭在寺廟、皇宮區裡轉也轉不完；愛熱鬧的人晚上可以混酒吧、舞廳和賭場；喜歡走路的人在谷地郊區走走繞繞，天亮前爬上山丘看雪山日出就很過癮；想親近當地生活，可以在老街巷弄民家裡和當地人聊天；愛自然的人，可以找嚮導領路去看世界最高最美麗的山；就算什麼都不想做的人也不無聊，坐在路邊發呆，在這千古眾靈聚集的地方，運氣好說不定真能找到大家想要找的「自我」咧。

我也在這裡落腳。這個有千年妖精傳說的古城。

帕坦——又混亂又美麗

晨間搭巴士進帕坦（Patan），正是大家趕上班的時間。昨天是假日，跟台灣一樣，週一早上趕公車的上班族大多數人臉臭臭。

旅行的時候最喜歡搭公車，是走到當地人生活空間裡的好機會，這個時候卻覺得自己有些不識相；人家要上班，我卻擺明了要去玩，還硬跟人家擠公車。自己也當過上班族，非常明白這樣的心情，即使身邊空出了座位，也不大好意思坐下。不論多好奇，眼睛也不敢亂瞟，一和人視線接觸，自己就忍不住心虛起來，露出「真是不好意思」的尷尬笑容。

終點站在一條像鄉間的小路上，一邊是田野，一邊是看起來很有歷史的老房子。下車，迎面就是一群提著公事包、腳步匆忙的上班族。恍然想起，帕坦雖然是最古意盎然的老城鎮，但也是谷地裡重要的工業城，附近就設有一個「帕坦工業中心」呢。

古鎮、鄉野、工業城，完全不同性質的形容詞，但都可以用在帕坦這座城市身上。雖然巷弄七扭八拐，但從任何一條小巷道都可以走進古城裡，不會迷路，只要問一下杜兒巴廣場在哪個方向就行。帕坦的建造是以放射狀向四方延伸，中心點就是杜兒巴廣場。

帕坦算是加德滿都谷地裡最古老的都城，最早的紀錄是西元前二世紀，阿育王從印度來訪時，在這座城市四周立下了四座佛塔。

建城時應該是佛教流行的時代，城中心的皇宮和分佈四處的廟宇都是佛教風格。後來印度教流行起來，安於寶座的佛教菩薩被印度神明取代，神住的房子卻沒改，只是經歷地震、戰禍、祝融等等天災人禍之後，這些古老建築便有機會修建、改建或補建一下。換了國王，就換一點風格。就這樣一塊磚、一片陶瓦地留下了古老歷史走過的痕跡。

　　巷弄裡是自古人們生活的空間，走進王宮廣場，氣氛驟變，這裡是旅遊觀光勝地。一踏上整齊的紅磚地，一位握著警棍的管理員馬上找上我，問我要門票。我搖搖頭，他領著我到售票亭去。買了門票，找到廣場一個角落坐下休息，賣紀念品的婦人找上我。

　　「買個小袋子！是手工做的，有神的圖案，可以保護你……」

　　我笑著搖頭說不要。

　　「真的很漂亮的手工袋子，便宜的，好價錢，看一下嘛……」

　　她直接把綁成串的袋子放在我腿上，嚇了我一大跳。

　　「有很多顏色……」

　　「我都不喜歡。」我直接說了，這一次臉上沒有笑意。發現禮貌的微笑在這種場合非常不恰當，只會讓我的拒絕顯得不夠堅定，讓小販們懷著錯誤的希望，以為繼續遊說，我終究會答應的。

　　果然婦人也收起臉上生意的笑容，走開了。

　　然後是孩子，穿著學生制服，走到我旁邊坐下。

「你從哪裡來？」

「台灣。」

「喔，很好的地方，我叫羅鳩，你呢？」

「斐翡。」

「喔，很高興認識你。」他伸出手，一副老成的樣子。「你今年幾歲？」

「你是來練習英文的嗎？」我忍不住笑著問他，他這些問題像是英文會話第一課的練習句。

「不是。」他抓抓頭，「我想問你是不是佛教徒？」

「問這個做什麼呢？」

他又抓抓頭嘿嘿笑了起來，終於露出符合他年紀的稚氣笑容，從口袋裡拿出一串釋迦牟尼佛項鍊，「如果是的話，我想把這個賣給你。」

「我不想買。」我提醒自己要收起臉上客氣的笑容，「也不會買的。」

他拿項鍊在我臉前晃著，像比對什麼，「這是個很好的項鍊……很搭配你漂亮的臉。」

小鬼開始油嘴滑舌了，真不曉得他是從哪裡學的。

「你如果要聊天，可以繼續在這裡，可是要做生意的話，我怕會耽誤你的時間，你應該去找會買東西的客人。」我慢慢地說，一

個字一個句地說清楚。

他臉上有著失望的表情，站起身走開了。

不論他的笑容有多可愛，廣場上的孩子並不是孩子，現實和慾望讓他們的心跳過孩子的階段，直接變老。而我的同情對他們一點用也沒有。

在我站起身以前，又來了一個男子。這位年輕的男子重複了剛才小男孩的前段對話，我直接了當地問：「你要什麼呢？」

他笑起來，露出白白的牙齒，帥氣地撥弄額前的頭髮，「不，這該是我要問你的問題，你需要什麼？」

喔，明白了，他不是做生意，但也和做生意差不多，「我不需要導遊。」

「你需要，現在你不是迷路了嗎？」

「我沒有迷路。」

「可是我剛才看見你在看地圖。」他一副抓到我把柄似的，得意地笑起來。

「我是在看地圖，但我並沒有迷路。」有一種沒辦法說清楚的痛苦。

他點點頭，攤開手，露出讓步的表情。

「好吧，也許你現在沒有迷路，但不代表之後你不會迷路……」

這是什麼對話？

對他搖搖手，我站起身，加快腳步離開廣場區。

不知道是第幾次了，在帕坦從未好好見過杜兒巴廣場裡的建築和雕塑，遇到連番干擾便完全失去興致。我很沒用，總是逃走。

▌巴塔布爾──中古世紀城市

在前往巴塔布爾（Bhaktapur）的巴士上我朦朧睡去，好像做了一個夢，感覺雨絲飄在臉上，又恍惚醒來，眼前有一雙翩飛的蝴蝶，白色的。以為自己還在夢裡，眨眨眼，發現蝴蝶停在一個女孩髮上，那女孩正對著我笑。

不是夢。女孩坐在我對面，蝴蝶是她繫在髮上的緞帶。

然後車停了，女孩和母親一起下車。那是一座漂亮的樹林，綠悠悠的松樹和草地，雨水讓綠更綠了。在車窗外，她笑著對我揮手。我看著那雙白色的蝴蝶離我越來越遠。回過神時，司機助手對我勾勾手指，要我下車，到了。

巴塔布爾建於第九世紀，是馬拉王朝阿南達國王的作品。據說是仿造天女吹的海螺形狀，城區分布像DNA一樣呈雙股螺旋，扭在一起，曲折地沿著哈努曼河北岸分佈。

也許1934年的大地震毀掉了這裡好多建築，仍需要經費修建，巴塔布爾的門票比其他古城貴了一倍，不過沒有拿著棍子到處追問

旅客門票的管理員，而且一週內隨時可以免費再進入或一直留在這裡。這裡安靜，沒有車陣喧囂，空氣清新，因地震而頹圮的建築讓這裡看起來更古老滄涼，有些旅人乾脆留宿古城裡。

在寺廟的亭閣上，蔭涼處總有閒閒休憩的人。也有流浪的孩子，晚上睡在某個毀棄建築的角落，和家人，和陰濕的棉被一起。看見旅人，孩子湊上前來。

「one photo？」意思是問我要不要幫她拍照。

我搖頭。

「十塊盧比？」孩子的背上還有個更小的孩子，那重量讓她習慣駝著腰，仰著臉，一種不太舒服的姿勢。

「一塊盧比呢？」

「巧克力？」

見我一直搖頭，她眼裡閃過失望，但只一下下而已，又恢復笑容。那眼神好像是說，沒有喔，好吧，那就算了。

她把小小孩移到腰側，歪著身子抱他，然後走到前方另一座寺廟。她的媽媽正在那裡跟另一位婦人聊天。

當我在附近逛了一圈回來，已經是好幾個小時以後的事。她和幾個小女孩一起奔過來，跟我打招呼，很熱情，像見到老朋友。小小孩還是在她身上，每個孩子臉上都掛著鼻涕。

「要走了嗎？」

我說是呀。

「one photo？」

從這句問話開始，她開始重複著之前那串問題，連順序都一模一樣。我還是一逕搖頭。

最後她還是笑一下，「沒有嗎？喔，那算了」的表情，轉身走開了。

天空很沉，看來轉眼會下起大雨。心裡忽然閃過她那塊陰濕霉味的被。

我忽然轉過身叫住她，掏出背包裡的糖果、麵包都給了她。

她嚇一跳。我自己更是。

去等公車的時候，聽見肚子傳來的咕嚕聲，才想到忘記留一點給自己了。

一滴雨水落在手臂上，二滴、三滴……大雨就這樣落下了。

我的房間

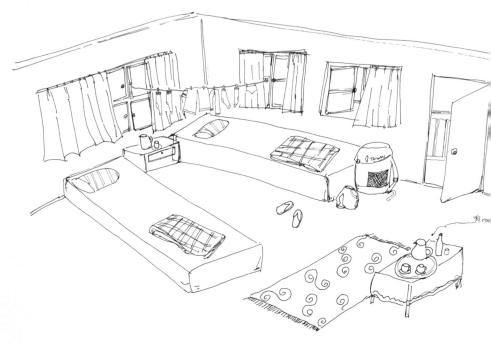

這是停留在加德滿都時住的房間，一個有陽台和很多窗子的房間。

雖然是夏天，因為有很多窗子，外面還有陽台，不吹電風扇，也不覺得悶熱。旅館在巷子裡，有個綠綠的小院子，屋頂上是個花園餐廳，天氣好時，可以望見蘇瓦楊布納特（Swayanbunat）佛塔的那座山，在天際線上，厚厚的雲下方，一隻鷹飛著。

像這樣不附衛浴、沒有多餘裝飾的房間，單人大約100~200Rs（依房間大小、傢俱新舊而定。

尋找住宿的技巧（也適用於背包旅行者很多又集中的其他城市，像曼谷、中國的麗江等等）。

加德滿都和波卡拉都是民宿眾多的地方，因為選擇很多，就無需預定房間，到的時候再去找即可，而且眼見為真，滿意就住下，不滿意可以馬上走人。

Lonely Planet 等旅遊書的資料是很好的參考，只是僅僅一年也可能變化不小，原本有視野的屋子可能被新建的房子擋住，狀況不錯的房間變老舊，或是態度親切的櫃檯人員已離職等等，同間民宿旅店也會有狀況不一的房間，所以還是親眼看見為準啦。

1. 先確定住宿的地區，鎖定一個範圍。以加德滿都為例，喜歡安靜、有小花園的，就到塔美爾區的邊緣地帶（像Paknajol）；希望生活機能好、交通方便的地方，就往塔美爾區中心地帶（即Kathmandu Guest House週邊）去找。

2. 如果到達的時間尚早，找一家餐廳歇歇腳，吃東西或喝飲料，跟餐廳老闆詢問一下方向（這對我來說很必要，我是路癡），有時會拿到當地免費地圖，最重要是將大件行李託給老闆，輕裝簡行地去找旅館。

3. 熱情的拉客大哥為了抽介紹佣金，可能在我們一轉進塔美爾區時就出現了，一定會湊過來說「帶你去看好價錢的好房間」，不需害怕慌張也無需生氣，態度堅持地拒絕即可。

4. 民宿分佈密集，挨家挨戶去看就是，環境、設備、價格、人員態度都需列入考慮。

5. 議價時要問清楚價格是否已含稅。

6. 如果到達時間已晚，找到計程車或機動三輪車，需先議好價錢，也講好目標──找到滿意住宿地點為止。

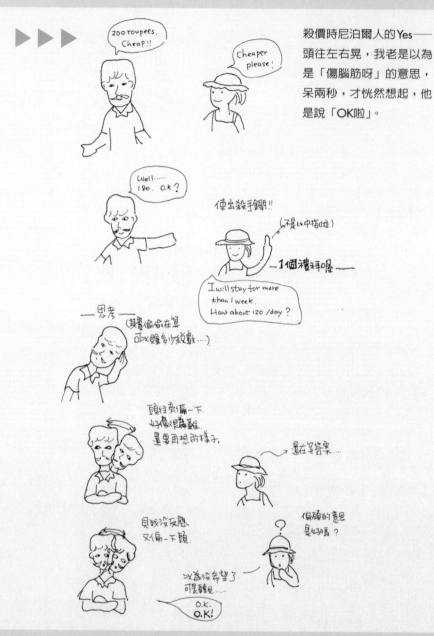

殺價時尼泊爾人的Yes——頭往左右晃，我老是以為是「傷腦筋呀」的意思，呆兩秒，才恍然想起，他是說「OK啦」。

筆　記

【交通筆記】

舊皇宮杜兒巴廣場：怎麼去？

1. 自塔美爾區步行20分鐘。

2. 搭三輪自行車（Rickshaw）約40Rs。

收門票？250Rs。

帕坦：怎麼去？

1. 舊巴士站，公車26，車票7Rs。

2. 計程車到帕坦的皇宮廣場約110Rs。

收門票？200Rs。

巴塔布爾：怎麼去？

1. 舊巴士站附近的Bag Bazar路上有直達巴士，車票12Rs。

2. 計程車30分鐘車程，約400Rs。

收門票？10美金（拿出護照給收票人員登記，門票一週有效）。

古城街景

零距離

雨季裡，不是傾盆大雨就是熾烈陽光。一出太陽大家就在屋子外找個蔭涼處聊天，男人一堆，女人一群，各玩各的，幾乎不混在一起。

在巷子裡，在家門前，或是寺廟旁的公共長廊，常常見到一群男人們高談闊論，爭論時事，或是低著頭下棋；轉過身，在另外一頭就會瞧見一群女人們親密依偎著私語，邊翻撿菜葉做女紅，邊談笑，或是挾著水罐一起去背水。

不論走到哪一座古城、走進哪一條街道，這樣的畫面很普通。想到雲南的少數民族山村、中南半島湄公河畔的寨子和西藏草原上牧馬的人家，大夥兒這樣親熱窩在一起的畫面並非尼泊爾專屬。

在小說裡也見過，似乎是舊式農業社會的普遍情況，小時候一邊看《桂花巷》之類的小說，一邊發揮想像在腦海中描摹這畫面。旅行後才親眼見到，不禁發出「啊，原來就是這樣呀」的感嘆。

選一個地方出去走路，天黑前回來沖澡，再出去吃飯，晚上休息，讓第二天有力氣再出去走路。旅行的作息其實單調，有趣的是遇見的人事不可意料。

　　住的旅館在古城區邊緣，旁邊的樓房裡住了幾戶人家，也有可能是個大家族。從窗戶就可以望見他們的陽台。老媽媽在早上出來曬衣服，然後是個年輕的婦人曬長長的紗麗，有時候曬床單。紗麗質地輕，需要好幾個夾子固定，免得被風吹走，老媽媽聰明，用兩條繩索捲在一起，兩端都綁緊固定好，將紗麗邊緣數角分別塞入緊緊纏捲的繩索中間夾住，便一根夾子也用不到。

　　傍晚回來沖澡的時候，總會聽見隔壁孩子唸書的聲音。他們在天台上做功課。常常聽見「滴滴，滴滴」嫩嫩的嗓音喊著，後來才知道那是姊姊的意思，難怪一探頭出去，就看見一個大女孩正在教

他們功課。

一探頭，容易就和他們視線接觸，孩子張著好奇的眼對我笑。一次老媽媽到天台澆花，便教孩子喊我一聲「滴滴」。我自己尷尬起來，想到在台灣若這樣探頭探腦便算是偷窺了吧，對方會假裝沒看見我，然後拉上窗簾之類的。在這裡，他們倒是爽快地和我打起招呼。

人和人的距離有多遠呢？把頭從家門伸出來，就可以看到隔壁鄰居正在做菜或是奶孩子；喊一聲，大家全都探出頭來，相互招呼。從我的角度看過去，這裡的人習慣膩在一起，幾乎零距離。

相對和鄰里親友間的親近，種性制度在人際間製造了最遙遠的距離。

在西元第四世紀的時候，自印度平原遷徙到尼泊爾的移民，也帶來了種姓階級的社會制度，到了瑪拉王朝（約13世紀）時早已經發展出64種階級。直到1863年，掌握政權的拉納大君（Rana）宣布廢止，但是在這片山谷中沿襲了1700多年的「種姓」，依然像空氣般自然地存在這個空間中。

首先，象徵家族階級的種姓還掛在名字上。無需詢問，報上名字就等於顯示了自己的階級。Dhalkal是婆羅門的僧侶，Vaisya從商，Kami是鑄鐵器的工匠，Gwala負責牧羊，在火葬場擔任屍體搬運工的Dom和Dusha，則是在階級外的不可觸之民。

到了現代，因為種姓階級已經廢除，姓氏上有Kami的人不一定只能做鐵鍋、鑄菜刀，如果有資金，也可以開家小店舖賣東西當商人，或開設工廠，他的兒子接受教育，將來也有機會當醫師或從政。

其次（也是最重要的），到了適婚年齡，婚配對象的選擇還是得限制在家族階級相當的範圍內，因為牽涉到整個家族、血緣、宗教的問題，別說一般老百姓，就連皇親國戚都難以拋開種姓的束縛。

裁縫師Damai

尼泊爾男人習慣定期修剪頭髮，Hajam是理髮師，公園旁、寺廟邊或巷弄裡，在一處角落總會見到他們的身影。

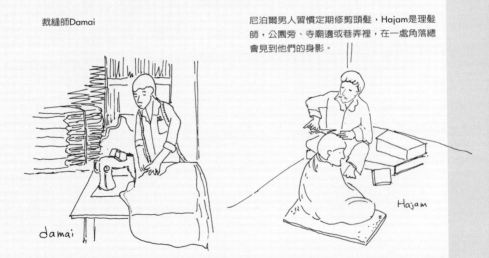

水

　　走進古城區巷弄裡，老是見到背水的女人。水的重量讓女人側歪著身子，挺直腰，手臂勾抱壺頸緊貼腰側，快速地走。黃銅壺在陽光下閃耀著光澤。紗麗裙襬隨著腳步一掀一掀，婀娜款步，女人的身影很美。

　　這樣說其實欠揍。就像說住在古蹟裡很美一樣，都是外人不關痛癢、不知民生疾苦的羨慕。

　　古城區裡多數老房子沒有安裝自來水。燒飯、喝水、洗菜都要用水，只好一趟趟來回背水，這是婦女的家事之一。

　　古城區裡都有這樣的水池，幾世紀前隨著古城建築一起建造，設地下渠道引附近河水進城，出水口精雕細琢，神靈護祐，當時必定時髦新穎，美麗又方便，大大地嘉惠百姓。

　　幾百年過去，水池添了歲月鑿蝕的風霜，丰姿更加動人，只是生活機能性也停留在過去的程度，女人們繼承了老祖母的銅壺，依

然每天去背水。

　　加德滿都新城區交界處的水池倒是廢棄了，池面飄滿綠苔水草，觀光業促進了那一帶老城區的新建設，民宿和新屋早就都安裝有自來水設備。

　　無論如何，美好的陽光未曾改變。在這裡孩子玩水從來都是理直氣壯，光明正大。洗澡、洗衣的水不用媽媽們背回家，身體過去就可以，趁著陽光火熱痛快沖澡、洗衣，然後一身清爽地，提壺水回家。

【交通工具】

古城區街道狹窄彎曲，尤其在阿山路附近動不動大家就塞成一團，連步行都難以通過，人力三輪車很普遍，當地人習慣使用，載人載物都很方便。其實我從來沒坐過，因為古城區實在不大，走來走去習慣了，小巷弄很多，雖然常迷路，一座小廟、一口井、一群扮家家酒的孩子，天天有驚喜新發現。不過走累了，搭一下應該是新鮮有趣的經驗。先和車夫議好價再上車喔，古城內區域，視距離30～50Rs不等。

街上除了計程車，Tempo（音：天婆，就是機動三輪車）也不少，其實就是將機車改裝，外面套上鐵皮殼，後方加裝乘客席，別看小小空間，可以同時擠進七八個人喔。

許多Tempo就像公車一樣，有固定行駛路線和號碼，可以到達巴士路線沒有安排的地方，是一般市民好用的交通工具。只是語言不通（就連號碼都是尼泊爾文，看不懂），外國人較難利用，曾經坐過幾次，都是運氣好，遇見會說英文的當地人幫忙翻譯指引。

谷地裡的天使

午後陽光讓拜拉弗寺（Bhairav Temple）前的長廊落下一片陰影。這裡最涼爽。不是假日、沒有節日儀式，整個巴塔布爾古城很安靜，帶著熱氣的風自巷道底吹拂而來，讓人昏然欲睡，整個城市好像陷入沉睡之中。

96

尼泊爾，花花巴士

幾個孩子從樓梯上下來，穿著制服，也是一副快睡著的樣子。排排坐在長廊上，他們拿出便當盒，盒子裡裝的不是飯菜，是捏碎的泡麵塊和像小米的乾糧，用手指捏進嘴裡嚼，幾個同學一起分著吃。我也分了一點在掌心，碎泡麵乾乾的，難怪他們的表情看起來就是不好吃，都癟著嘴，有一口沒一口地咬著，一點勁都沒有。只有大烏鴉感興趣，飛到長廊下等待著。

　　孩子們臉上都沒有笑，呆呆望著我，腿上都被蚊子叮成了紅豆冰。比手畫腳和他們說話。一個比較活潑的孩子告訴我，他們其中有些是一年級，有的二年級。教室在哪裡呢？孩子手指朝上比著二樓，臉上又是那無聊透頂的表情。看起來學校也不好玩。

　　可能缺乏營養，好幾個孩子嘴角都破了，腳上不是整齊地套上

鞋襪，而是啪拉啪拉踩著拖鞋，有個孩子拖鞋壞了，於是拖著腳走路。他們是安分守己的孩子，沒有在街上亂逛向人伸手要錢過，見到外國人不是見獵心喜、眼睛亮亮地衝過來，反而害羞地搶著躲在別人身後，用眼角瞥我。

這個拜拉弗寺至少有三百年歷史，在1934年巴塔布爾大地震中倖免於難，完好地保存下來。寺廟建築原來不只拿來供神，也可以拿來當教室。尼泊爾似乎是個孩子多的國家，這次從北方邊境沿著陸路南下，從村子到城裡，早晨到處見得到穿著制服上學的孩子。

雖然經濟發展有限，尼泊爾還是重視教育普及吧，政府採行基礎教育免費的措施，鼓勵家長送孩童到學校，但並非義務教育，不具強制性。鄉村裡為了幫忙家務沒有機會上學的女孩還是不少，如果到山裡健行，就可能發現，位於偏遠山區，有些村寨裡可能連學校都沒有設立，這樣的地方可能也是毛派份子的勢力範圍，目前一些國際組織或國外宗教團體進入深山村落建造校舍，為失學的孩子們提供教育環境。

國家大部分的資源都集中在谷地裡，因此這裡的孩子還是比山裡的孩子幸運許多，不論好不好玩，上學唸書是天經地義的事。

看見數位相機，這些孩子們似乎精神來了，在螢幕裡看見自己和同學的臉，大家興奮地哇哇笑，一下衝到鏡頭前，一下衝回來看螢幕裡的同學在要寶。怎麼這麼神奇？亮亮的、帶著笑意的眼睛好

像這麼說。這時候我的相機就成了孩子們的玩具,有時候我也是,賣力地娛樂他們,惹他們笑。

　　不明白自己怎麼這麼有勁,不過事後回想,或許就是這一類的事,讓我在旅途中感到幸福。

購物大挑戰

工業在尼泊爾雖然不發達,但時事造英雄,沒有方便的機器,辛勤的人民便自己鍛鍊出萬能的雙手,生活所需裡沒有他們用手做不出來的東西,手工紙、手工織布、染布、現場定做衣物、木雕、石雕、手工刀、毛衣、毯子和農具,巧妙的手作出許多美麗的東西來。於是,有人說尼泊爾是手工業最發達的國家。來爬山旅遊,許多人也狠狠購物起來,忍不住呀,對我們的世界來說,這裡的東西太美太便宜。

街頭攤販:
頭頂好功夫,幾十個塑膠水罐用尼龍繩網兜起來,便可以頂在頭上帶走,尼泊爾阿伯們就這樣沿街叫賣起來。

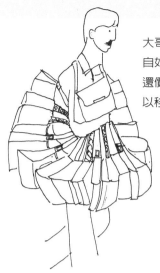

大哥把幾十個皮包都掛在身上，自己就是攤位，移動自如，媽媽、小姐們繞著他一面挑選，一面跟他討價還價，市場車水馬龍，人擠人，他們也不慌，隨時可以移動到空位處，警察來了，也跑得快。

這位大哥頭頂上的竹籃子裡裝著炸薯片，走動時用尼龍細網固定好，薯片就不會灑了，大哥手上抱的是竹編桌腳，很輕巧，選好地點，大哥立好竹編桌腳，再把竹籃子放上去，就是一個攤子了。薯片一個紙袋裝2Rs，小朋友最愛的零食。

賣笛子阿伯，也是個吹笛高手，用那悠揚好聽的樂音吸引我們，阿伯吹得太輕鬆，讓我們不禁幻想，花一點錢買下根笛子練一練，也能吹出好聽的音。阿伯說笛子都是他做的，設計過要讓初學者也能輕鬆吹笛。前面一句話我信，後面那句話⋯⋯阿阿，我當然沒有那麼好騙呀，阿伯！

我的戰利品

貓頭鷹木雕　　　　　　　　　　　　　　　　木雕猴子

* 貓頭鷹木雕，雕工樸拙，真的是手工的，因為每一顆貓頭鷹都長得不一樣，刀法也不整齊，反倒顯得毫無匠氣，很真誠。小隻（約3.7公分高）35Rs，大隻（約6公分高）70Rs。木雕猴子很傻氣，那天剛從蘇瓦揚布納特佛塔下來，它和山上鬼靈精怪的猴子完全不同，它靜靜坐在牆腳，彷彿在等雨停，只是雨停了它還是坐著，望著天，那眼神，覺得心疼，就買了，它其實很重，心裡掙扎許久。

* Chono衣，藍色的，150Rs。高高掛在店裡，一開始因為那顏色，讓我經過時總會抬頭望，像從藍色天空直接印下來一般，離開前忍不住去買下來。老闆說是傳統的尼泊爾衣服，女生穿的，結婚時一定會做件新的穿。到了波卡拉，發現許多小小孩都穿，即使大熱天，碎花小衣也在身上紮得緊緊的，看起來好無辜。衣服上不用一顆釦子也不用拉鍊，裡側拉到腰際綁繩，外側在腋下繫上繩子。

Chono衣

＊Sarangee（音：沙朗吉）四弦琴，像提琴一樣用弓拉出聲音，但演奏時將琴頭朝下頂著腿或膝頭，而不是靠在頸窩裡。尼瓦族小哥在街上晃來晃去，一面拉出好聽的樂音，大家都知道他們不是街頭表演，是在推銷樂器，大多快步掠過，但我總是不自覺停下腳步，每每他們發現便湊過來，嚇得我快步向前走，他們跟在我身後追著說：「試試看吧，拉拉看，給你特別的好價錢喔⋯⋯」我是音癡呀，大哥，別叫我買樂器呀!但最後我還是忍不住買了，總是一面拉好聽的音樂，跟我聊了很多的天，真的很不好意思，那木雕又這麼漂亮⋯⋯最小隻，350Rs。

Sarangee四弦琴

谷地裡的天使

古蹟裡的一部分

　　有位英國的人類學者說，巴塔布爾就像一座停留在中世紀的古城，數百年的時光在這裡悄悄停駐，沒有移動。

　　當我用旅客的眼睛看著它的時候，的確有這樣的感覺，一個古味好濃的地方。奔跑在石板廣場上的孩子、背水的女人走過紅磚老屋子、推著腳踏車的芒果攤、躺在寺廟長廊前午睡的男人、隨處撿拾菜葉的老山羊……覺得大家好像活在古蹟裡，眼前的生活就是古蹟的一部分。

　　每當黃昏時刻，古城廣場好像忽然甦醒，人跡紛紛從各個角落裡冒出來，大家隨處安座。陽光熾烈時的空曠寧靜，像上個世紀的時空、前一個夢境裡沒頭沒尾莫名被掐掉的場景，變得很遙遠。大家坐著乘涼、聊天，有各式各樣的人、各式各樣的坐姿、各式各樣的話題，然而，全都有著同一種氣氛——百無聊賴。

　　時間長長，長長的，似乎走也走不完。

只有在孩子身上看見像是「活力」的東西。他們笑著、跑著，眼睛亮亮的，藍色、白色整齊劃一的制服，紮著蝴蝶結的髮在古老的空氣裡跳呀跳的。

　　在這個國家裡，經濟發展、政治民主化是最近幾年的事，1959年雖然辦了第一次全國大選，由人民直接投票選出代表，建立了國會議事制度，但是軍權一直仍在國王手裡，每遇變動，國會輕易就遭解散。

　　比蘭德斯國王在1980年親自參與修訂憲法，讓人民直接選出立法的議員，誠意推動民主政治。沒想到才邁入新世紀，竟發生皇室滅門血案，繼任新國王無法得到所有人民認同，國會被解散，政府

要員遭解職，山區的毛派份子多了革命戰鬥的好理由，社會所有的發展似乎都停頓下來，一切好像又混亂起來。

然而，2006年書寫的現在，經歷一年多的抗爭，人民的力量讓新國王同意放下集權統治，還給人民應有的權利，重新決定了自己的國會和政府，未來似乎也重新回到眼前。

「我們這一代的人生已經過了一大半，該怎麼樣就是怎麼樣了，可是他們還有很多的未來，所以一定要送他們去學校，讓他們繼續向前走。」想到有一次談到教育問題時，開餐廳的摩納締叔叔曾經說過這樣的話。

摩納締叔叔有兩個正在讀小學的兒子，一個唸初中的女兒。女兒有著黑亮的眼睛，能夠自信地以簡單英文溝通，和谷地裡許多女孩一樣，髮上總是綁著紅的、藍的或是白色的，每天不一樣顏色的蝴蝶結。

在學校裡看見谷地外面的世界，看見知識的魅力，也看見未來無限的可能性。女孩說，她的心願，將來不是嫁給律師，而是成為一名律師。

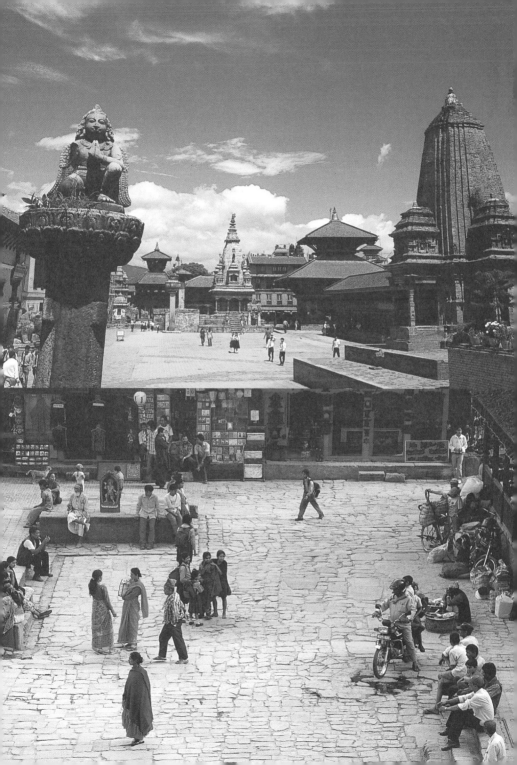

千年佛塔。二座

先人來過

博德納塔（Bodh-nath），建造的確切時間不可考，建造的人也不可考，但是據信已有2500年以上的歷史了。

在2400年以前，曾經在帕坦地區居住的釋迦牟尼佛，很有可能也到過這裡；2100多年前，在倫比尼立下石柱的印度阿育王曾經到此一遊，不但把佛塔擴建了，還把女兒嫁給這個地區的王子。

位於平坦地區的博德納塔，經過一次次擴建，成為谷地裡最大的一座佛塔，可以用氣勢恢弘來形容。周圍有許多藏傳佛教寺廟，其中有些也是佛學院。去見它的那天，是烈陽高照的好天氣，躲進路邊的佛寺裡，剛好遇上了僧人們在吃中飯。

在廚房外，大家排著隊，拿著鐵盤，一一等著盛飯菜，素的黃咖哩、白咖哩、青菜湯，把飯堆得高高像個小丘。小和尚們端著鐵

盤來來去去，在大喇嘛前小心慢慢走，轉一個彎，到視線外，便撩起袈裟，快跑。陽光閃耀，吃過飯以後沖洗鐵盤，順便讓手、腳、頭、臉都沖沖水，也順便照顧一下旁人，一不小心就是水花四濺。除了的紅袈裟，這畫面讓我想到小時候學校裡的營養午餐時刻，不同於下課十分鐘的緊迫，似乎有長長的時間，可以恣意玩鬧。

　　佛塔前卻有些寂寥。不是節日時分，來朝聖的人不多。緣著佛塔轉圈走，陽光曬得人眼花，覺得佛塔越轉越大，找不到原來的起點，也搞不清楚自己轉了幾圈，走到哪個方位。沿著轉，輕易地轉迷了路。這是佛塔給人的啓示嗎？沒有起點，沒有終點，生死原是連接不斷。糊塗地走，便糊塗地在原地打轉。

釋迦牟尼佛的頭蝨

蘇瓦揚布納特塔。英文拼音：Swa-yan-bhu-nath。長長的名字，就跟它的歷史一樣。據說它和博德納佛塔在大約相同的時間被建造起來。要去見它，也得爬上長長的階梯。300階、300步，石階在濃密樹蔭間陡陡地伸向天際。

這座佛塔和尼泊爾這片谷地有很深的緣分。傳說中這片谷地原是一座湖泊，有一說法是毘濕奴召來閃電劈了一個缺口，讓湖水流出；另一說法，則說那道缺口是文殊菩薩用劍劈開的，當時他就是站在佛塔所立的這座山丘上，看見這片寧靜的湖泊裡綻放著藍色蓮花，於是動念揮劍。文殊菩薩甚至在這裡剃掉了長髮，髮絲成為山丘上濃密的樹林，頭蝨變成了猴子。

一如兩種傳說，山丘上也混合著兩種宗教、兩種寺廟建築。尼泊爾人多數是虔誠的印度教徒，但對佛教似乎也不排斥，到山上的印度寺廟朝聖、作法事，之後也會到旁邊的佛教寺廟裡禮拜菩薩，把鞋脫在門外石階上，低頭屈著身進去，不會唸經，但合什點香、點油燈，這一套和印度教卻是差不多的，印度教徒做來依然順手。印度教徒有一種說法，釋迦牟尼佛也是毘濕奴的化身之一。

回到傳說裡，忍不住猜想那文殊菩薩的頭蝨一定不少，這樣說也許有些不敬，或者該說這些頭蝨繁殖得很快。在山下石階前，就

會見到一群群獼猴在戲耍、打架、搶東西吃。

一路爬上去，猴子和攤販都是「不絕於途」。不能吃東西，也不要把手伸進包包裡作出拿東西的樣子，猴子會舉一反三，想像你的背包裡有東西吃，從四面八方跑過來，搶走背包。即使你不吃不喝乖乖坐在樹蔭下，玩瘋了的猴子也可能把你當樹幹當石頭，踩在你身上借過一下。佛塔周圍到處有牠們的身影。無聊地在廟簷間跳來跳去。追鴿子玩。跟狗一起翻垃圾。伺機搶走印度教信徒手上供神的香蕉。這裡的猴子太搶戲。

忽然下起一陣大雨。信徒、遊客，大家都落荒而逃。躲在一幢噶舉派寺廟簷下，看見獼猴們也都躲起來了，彷彿誰下了休兵令般，打鬧的動作全都停下，有的掛在窗簷下，有的把自己塞進小小的牆縫裡，或擠進小神龕。牠們眼神呆滯地望著落雨，望著雨絲中虛空的某一點，露出無聊到快不行的神色。

雨一停，牠們活躍地動了起來，整個世界也跟著騷動。

筆 記

【節日筆記】

時間（西曆）	節日	地點	內容
四月中到五月 （尼泊爾新年期間）	畢斯基節（Bisket）	巴他普爾	拉著供奉拜拉佛神和卡利女神的四輪車繞境
四月中到五月 （尼泊爾新年期間）	紅麥群卓納節 （Rato Macchendranath）	帕坦	推動紅麥群卓的巨大四輪車繞全境
五月	釋迦牟尼佛誕辰	蘇瓦揚布納特佛塔、博德納佛塔	朝聖
九月中	達善節（Dasain）又稱為杜兒嘉祭典（Durga Puja）	加德滿都各地	殺牲祭祀。獻上水牛、公羊、雞、鴨，所有寺廟、神像、神龕都浴在血腥裡。
十一月	提哈節（Tihar）也稱狄瓦里節（Diwali）或燈節	加德滿都各地	向動物獻上敬意的節日。第一天把米餵給「死亡的使者」烏鴉；第二天為保護亡靈通過死亡之河的狗獻上花環；第三天為母牛灑上蒂卡粉；第四天歌誦公牛。

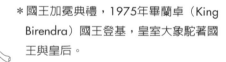

*國王加冕典禮，1975年畢蘭卓（King Birendra）國王登基，皇室大象馱著國王與皇后。

＊畢斯基節時在巴塔布爾舉行的
四輪車遶境，就像我們的媽祖
遶境，尼泊爾人將神安在四輪
車上，以繩索拉著繞過村子裡
外，人們一路高興呼喊，興奮
莫名。

【交通筆記】

＊蘇瓦揚布納特（猴子廟）：

怎麼去？

1.搭計程車15分鐘，車費約80Rs。

2.在塔美爾區北端的Lekhneth Marg（雷可捏罵個）路上可搭廂型車，頗擠，
但車費只要12Rs。

收門票？75Rs。

＊博德納佛塔：

怎麼去？搭計程車25分鐘，車費約100Rs。

收門票？100Rs。

红色山谷

　　天色剛亮，一出門差些踩進一灘水窪裡，昨夜下了一場大雨，地上的水漬未乾。清晨通往達克辛卡莉神廟（Dakshin Kali Temple）的巴士在總站等待乘客，其實裡面已經擠滿了人，但是想搭車的人太多，等助手將所有人往車裡塞，勉強關上門，重重拍了車身兩下，巴士終於才出發。

　　從平緩的道路開向城郊，經過鄉野駛向山路，沿路不斷停車，但沒有人下車，大家都要到終點站，車子裡人越來越多，巴士搖搖晃晃攀上山又轉下坡。今天沒有人坐車頂，天空陸續飄著雨，晨間的天光逐漸淡去，太陽已經被厚厚密密的灰雲遮住了。馬上就要來場大雨。

　　今天不是郊遊的好天氣，卻是祭拜卡莉女神、獻上牲禮的好日子。神廟每週只有兩天接受信徒奉獻牲禮。據說這座達克辛廟特別靈驗，有求必應，信徒趨之若鶩，週六尤其，風雨無阻。巴士到達

終點站，從停車場走往寺廟的山道，許多人抱著公雞，牽著黑山羊，和家人一起，都是要向卡莉女神祈願的信眾。也有和我們方向相反的人群，臉上帶著輕鬆愉悅的神情，他們已獻祭過了，天尚未亮他們就已經到了吧。

寺廟位於一座谷地的凹處，一道淺淺的溪水流經，周圍環繞的山林鬱鬱蔥蔥。信徒眾多，從上方的山道沿著坡勢築砌石階，一直通往谷中寺廟；寺廟的出口也是，一道長長的石階蜿蜒而上。通往寺廟的石階排滿了人，手捧著祭品，裡面有椰子、水果、許多漂亮鮮花、米飯等穀類，還有蒂卡粉。

如果要進入廟中親手獻上祭品，就必須排那長長的隊伍，估計三、五小時以上才能排到廟門口。也有省時間的方法，把祭品牲禮從寺廟圍欄外遞進去給獻祀人員，他為你殺好雞或剖開椰子，把

血、椰子水抹在神像上，再把滴著血（水）的雞身（椰子殼）遞出來給你，他動作時，你站在圍欄外對著神像合什祈願即可。

外國人也會被直接帶到寺外的圍欄旁。秩序管理人員態度很客氣，幾乎是熱情的，伸出手作出邀請的姿勢，告訴我可以在圍欄外觀看儀式，也可以拍照，只是不得進入寺內。他們似乎很高興我們拍照。事實上，當地人也會帶著相機（能擁有相機的人不多，那像是裝飾，象徵著富有的身分），家人一起合影留念，比著勝利手勢，在寺廟前拍下到此一遊的紀念照。這種事對我們來說並不陌生，在台灣去廟裡拜拜也是順便觀光。

廟裡幾乎都是紅的。紅色的地面、紅色的牆、紅色的神像和每隻紅色的忙碌的手。其實還沒有靠近谷底之前，已經隱約嗅到空氣

中的血腥味，谷底的溪水漸漸染成淺淺的紅色，廟中血水沿著淺溝都排入這裡了。

卡莉，印度教中的女神，梵語的意思是「黑」，濕婆（Shiva）的妻子眾多化身之一。嗜血。法力強大，性格殘忍，怨忿，除惡務盡。女神的個性聽起來很嚇人，一如她的模樣，伸長血紅的舌頭，凶狠地瞪視著人，一隻手握著長刀，一隻手提著血淋淋的頭顱。女神凶惡的長相，當是警告世人不可為惡。不過在那兇神惡煞的形象後面，卻有著動人的故事。

卡莉女神的故事要從她的另一位化身薩提（Sati）開始。濕婆與妻子薩提相愛，但他們的婚姻從一開始就受到薩提的父親阻撓，婚後薩提的爸爸還是看濕婆不順眼，找各種機會想羞辱濕婆，但許多難堪場合都被薩提化解了，爸爸越想越不甘心，在一場故意不邀請濕婆的宴會裡，在眾神面前針對濕婆說了各種難聽的話。

長久處在父親與丈夫的衝突之間，又當眾聽見父親辱罵的話，薩提羞憤難當，竟然當場自焚。

濕婆雖然不在場，但他的忠心僕人南迪白牛神（就是在所有濕婆廟前蹲踞的小牛，他也是濕婆的交通工具），偷偷潛入了會場，在角落裡守護著女主人，但還是來不及阻止薩提自焚，只能在眾神錯愕之際駄走了她的屍身，回到主人濕婆身前。濕婆悲痛地擁抱著薩提焦黑的屍身，痛哭失聲，這時另一位大神也出場了——毘濕奴

同情他們的遭遇，答應將薩提屍身切割成51塊，散置於世界每個角落，讓世界一起記憶她。

自焚後的薩提女神，焦黑的屍體，化身為卡莉女神。

神話裡的神們很人性化，會悲傷、高興，有時覺得幸福，有時想報復，有時心很軟，有時很衝動。薩提的爸爸有天下所有父親的心結，不論哪個臭小子都配不上自己的寶貝女兒。雖然這故事脫不了強調父權的嫌疑，但那情感還是真摯動人的。連那耍脾氣的爸爸都令人同情呢。

寺廟外許多抱著女孩來還願的父親。獻過祭禮，滿足地陪著孩子玩，喜孜孜望著孩子笑，請僧人為他們重新點上蒂卡粉，捻香，反覆祈願。

為顯示心誠意篤的信徒，帶來了卡莉女神最喜歡的公雞和黑山羊。牠們將成為牲禮，為女神獻上寶貴新鮮的熱血。

來到山谷中的牠們是安靜的，沒有聽見歇斯底里的啼叫，也不見任何掙扎。彷彿嗅聞到空氣中的血腥味，在山道上一隻羊忽然停在路中，便再也不肯走，頭低下，微微側向一旁，露出陷入沉思般的神情，主人也不急，輕輕扯了幾下繩，見羊還是不動，就站在旁邊等待，直到大雨落下。

【眾神筆記】

印度三大天神：梵天（Braman）、濕婆（Shiva）、毘濕奴（Vishnu）。

*梵天象徵開創，祂創造了這個世界，然後功成
身退，回到天上去了。

Braman

Bhairav

Shiva

*濕婆象徵毀滅與再生。祂有上千個化身，帕修
帕提（Pashupati，萬獸之王）是其中之一，在
尼泊爾常見的形象是樣子有些嚇人的拜拉弗
（Bairava）。

Kali

Parvauti

＊濕婆妻子的化身也有上千個，最常見的除了卡
莉，還有雪山之女帕瓦蒂（Parvauti）、忠貞自
焚的薩提（Sati）、難近母杜兒嘉（Durga）、國
王的保護女神塔雷珠（Taleju）、處女神酷瑪莉
（Cumari），以及象徵穀物豐收的女神安娜普魯
娜（Annapurna）。

Kumari

＊象徵好運氣的財神甘尼許（Genish），
象頭人身，是濕婆和帕瓦蒂的兒子。

Genish

筆　記

Vishnu
（Narayan）

＊毘濕奴象徵保護與維繫。也有眾多化身，釋迦
　牟尼佛、牧羊神克利什納（Krishna）都是其
　一。自從13世紀瑪拉王朝之後，歷屆國王都是
　毘濕奴化身之一，在尼泊爾常見的是躺臥的形
　象：納拉揚（Narayan，象徵愛與知識）。週
　身圍繞的響尾蛇象徵神祕旺盛的生命力。

Vishnu   Buddha   Krishna

＊毘濕奴妻子的化身之一拉克希米（Lakshmi），
手上總是握著花，是象徵幸福美滿的女神。

Shiva

Lakshmi

Lakshmi

【交通筆記】

怎麼去？搭巴士22。

哪裡搭？舊巴士站。

啥時有血祭儀式？每週二、週六上午舉行（週六尤其人山人海），中午以前
結束，人多擁擠，最好清晨就出發。

河邊寺廟，也是人間

我想自己應該是迷路了。

下了公車以後，穿過一個聚落，走到像荒野一樣的空地，翻越一座長滿綠草、像公園一樣的小山丘，我已經汗流浹背。休息一下，跟兩個不知從哪忽然出現、穿著制服的小孩玩一陣捉迷藏之後，我決定跟著猴子們往樹林的方向走，一進林子裡便聽見了水聲，沿著山坡往下走沒多久，真的見到了河水。

巴格馬蒂河（Bagmati），是尼泊爾人心中的恆河。事實上，這條河水往南通過國境之後，的確匯流進恆河中。尼泊爾人希望在這條河水邊向今生告別，讓大火焚燒後的灰燼灑入河水中，隨著滔滔水流，帶他們的靈魂奔向來世。

他們也喜歡在這條河中沐浴，沿著河水往上游走，我遇見幾個在河邊沐浴洗衣的婦人，還有一對情侶，牽著手坐在樹下的石頭上私語。河邊的山坡上偶見幾戶人家，說是人家，但是屋子的建材和

搭法完全是即興的，用木片、鐵皮、紙板、塑膠布、石塊拼湊起來，像是附近可以撿到什麼，就用什麼來搭建，想走的時候，也什麼都可以不必帶走。山坡上，遠遠地就能見到帕修帕提納寺（Pashupatinath）。一直走到它的正上方，可以順著新砌好的石階走下山坡，到寺廟後方入口。

不得進入。警衛在門口對我搖頭。

二個方才祭拜完的婦人從小門裡鑽出來，赤著腳，笑嘻嘻地，眉間的蒂卡又鮮紅又完整，剛祭拜過神，人看起來就是煥然一新的樣子。她們倆比手畫腳地指示我方向，要我先退回到街上，繞一圈從另一頭過河，便能到寺廟正前方去。

街道一邊是住宅區，念珠飾品的攤子、鮮花和蒂卡粉的小販、

閒聊的人群、舔著冰棒的孩子們，有人蹲在街邊就著水瓢裡的水洗臉，民居沿著向上的坡道延伸；另一邊是雕像、寺廟和老房子，飛舞的鴿群、聖牛、晃盪的狗兒們……大家互不侵擾地一起覓食，祥和一片。我好像又迷路，路人指點，反正到河的對岸去就對了。

廟宇和圍牆截斷通往河邊的路，在大大小小寺廟建築間轉來轉去，通過一道拱門，往下走幾個階梯，從幽暗中走出來，發現自己竟然已到了河邊。眼前就是朝聖沐浴用的河邊階梯，幾隻聖牛低頭嚼著河岸垃圾，空氣中瀰漫燃燒的煙霧，嗆得眼睛幾乎睜不開。

有股奇異的味道，在身處空間中，在吸入的空氣裡，在鼻間，躲不掉，仔細想嗅得清楚點，它似乎又消失了，只剩煙霧的嗆。

走過去，才恍然想起，正在舉行火葬，那奇異的味道是來自燒屍體的煙。沒有家人送葬，沒有鮮花。煙霧瀰漫裡，只有牛隻，兀自撿食自火堆落下焚燒了一半的稻草。忽然幾聲劈哩啪拉響，是濕木燃燒的爆裂聲。回頭，在火光中看見了一雙腳，灰白色的。

通過橋，便達彼岸。

許多人坐在河邊階梯上，都是遊客，當地人和外國人。一隊遊客過來，導遊領著他們擠到橋上去拍照。剛才經過的火葬台上瞬間已成為灰燼。掃地人正忙著將一切掃進河水中。

帕修帕提納寺正前方的河階也是火葬台。屬於貴族和高級種性人使用的。正在準備舉行儀式，台子上堆積著等待燃燒的木塊，裏

著黃色絲布的屍體被安置在河階上，家人掬一瓢河水，一個像是女兒的人親手爲父親洗臉，最後一次爲他點上蒂卡，灑上鮮花。最後一次見他面容。女兒的手撫在父親頰上，忽然停駐不動……

有一團軍樂隊整齊劃一地移動到對岸來，列隊等待。亡者似乎是個軍人將領，或政府官員之類的。這吸引了更多觀眾，下學的孩子們、約會的情侶們、朝聖者、路過的人都停下腳步。朝聖者也帶著孩子們，燒香拜拜兼出遊，祭祀過濕婆後，在河岸休憩，他們一身新衣，拿出煎餅和裝著奶茶的水壺，一面野餐，一面等待著。導遊領著一團又一團旅客，東方的、西方的，張著好奇的眼，驚訝又不敢張揚的身勢眺望著對岸，紛紛落座。

越來越多遊客在岸邊河階等待火葬開始。像坐進劇場的觀眾。

時間到了。軍樂響起，火很快地點燃。柴火豐盛，火燒得極旺，煙霧迅速瀰漫河的兩岸，軍人重新整隊離去，人潮也逐漸散開，最後連亡者家人也離開了。灰燼被掃進河水中。

平民和貴族，低階層和高階級，以橋區分，這一邊和那一邊。

眾人圍觀，奏起軍樂的同時，另一頭也開始了另一場火葬儀式，沒有鮮花，沒有絲綢裹身，沒有樂隊，沒有家人，就連河水都少了一些（爲讓高級區水深一點，在橋下堆積石塊以攔阻流入另一區的水流）。但是當大火燃燒時，不論這邊或那邊，屍體的顏色都是一樣的，掃落河裡最後的灰燼也是一樣，難分彼此。

印度教托缽僧（Sadhu，昔：撒篤）也稱雲遊修行者，身無長物，只有一個小鐵桶便當盒。國王生日那天，在公車上竟然遇到一名托缽僧（怕來不及所以奢侈一次搭公車？），他正要趕去寺廟接受佈施。除了食物佈施以外，那天托缽僧和流浪漢們都可以得到一瓶可樂，和無限暢飲的香料奶茶。

葬禮習俗與禁忌

1. 葬禮時喪家不可用蒂卡粉。
2. 喪家男子必須剃髮、淨身。
3. 喪家不可進入寺廟。
4. 不可供給客人飲食。
5. 守喪期間長子進食規定嚴格，一天只能一餐，只能食用以牛油和糖攪拌的飯。
6. 喪期中長子全身剃去毛髮，頭及腰部都以白布包裹，齋戒之意。
7. 長子每天都要參加僧侶的儀式，為亡者唸經。
8. 一天數次以冷水沐浴。
9. 守喪期一年。
10. 喪期最後一天，以豐盛食物宴請賓客。這些都是為讓亡者順利轉世。

筆　記

【交通筆記】

怎麼去？搭計程車25分鐘，約85Rs。走路，自塔美爾區沿Tridevi Marg（崔
ㄉㄟˊ威罵個）路往東走，約50分鐘。

收門票？雖然不能進入寺廟，但到河岸邊，還是可能被索取門票費用，
250Rs。

＊在巴格馬蒂河邊忽然出現了一位打扮奇異的
東方人。除了遮陽帽還撐傘，戴著墨鏡、口
罩，穿著長袖防風外套、長褲、登山鞋，還
有白手套，把全身都包了起來。

＊六月正午艷陽高照，30℃以上的高溫下，一
般旅行者都穿成這樣：

＊後來發現不只一個，是一群人！這些叔叔、阿姨是來自東亞的旅行團，裝
備和打扮幾乎相同。好像一群偵探。竟然連拍照也不脫下口罩、手套。

134

尼泊爾，花花巴士

聖人牛奶巴巴
（milk baba）

＊帕修帕提納寺對岸是瑜珈行者（Yogi）聚集的地方，他們是牛奶巴巴的徒子徒孫（印度教稱聖人師尊為巴巴，這位牛奶巴巴生前從不進食只喝牛奶，故得此名）。午後微風習習，菩提樹下這幾位瑜珈行者邊奏著手風琴和鼓，唱誦經文，聖牛們在四周悠悠晃著。

＊其中一隻牛彷彿受到聖樂感召，不斷後退著向一位瑜珈行者靠近，尾巴隨著節奏，拍打行者的頭，行者也不以為意，繼續大聲唱頌——喔，牛奶巴巴，喔，偉大濕婆——

＊拍打的牛尾巴忽然高高舉起——瞬間噴出大量的尿水，就像泉水一般狂洩在這位行者身上。行者驚嚇地幾乎跳開。

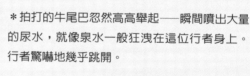

＊湊過去的手，沾到還在滴落的尿液⋯⋯然後，竟然放進嘴裡！
厚——還笑咪咪的咧，真的是有練過！

＊畢竟是有練過的行者！表情瞬間恢復鎮定，把手伸向牛屁股，好像要輕輕把牛推開——是嘛！實在太靠近，難免會有意外⋯⋯

國王的生日

聽說因為國王生日，放假一天。

這個消息是在去郵局的路上聽到的，我正要去寄包裹。全國都放假一天，郵局當然也不會例外，只好把包裹又抱回旅館。這天路上有好多帶著槍和長木棍的軍人，把塔美爾區通往遊行場的大馬路都封鎖了，所有車輛都必須改道，或者步行。

既然是國王生日，一定會有很多慶祝活動吧！前幾天就問過旅館的櫃檯庫倫先生，他說，「是呀，會舉辦遊行。」

遊行在哪裡舉行呢？

「在頓迪克爾（Dundhikhel）廣場，靠近巴士總站那裡。」庫倫先生馬上在地圖上指給我看，他一直很熱心，每天早上我們出門前，他一定會詢問目的地，並確認我們知道該怎麼去。

「會有表演嗎？」

「應該會有。」他偏了一下頭，表示肯定的答案，語氣卻不甚

確定的樣子。

「你會去參加嗎？」

毫不遲疑地，庫倫先生搖頭了，「不會的，我不去。」

「會有什麼樣的表演，是傳統舞蹈嗎？」

庫倫先生露出抱歉的表情，「這個……我就不清楚了。」

後來到處問了類似的問題，發現不只是庫倫先生，網咖的小弟們、餐廳的帥廚師摩納締和他的叔叔一家，都對國王生日的慶祝活動不參加也毫不關心，大家的態度可以說是，很冷淡。

自從瑪拉王朝之後，歷屆國王都是毘濕奴的化身。面對神一般的國王，所有臣民心中只有愛戴與敬畏，從來不敢批評國王。

不過，賈南德拉國王在2001年上任後，便意圖修改憲政體制，2002年解散國會後，仍與現任首相和政府多所衝突，2005年初以政府無力壓制毛派份子更加猖獗為由，竟然解散政府，宣布戒嚴，並解除首相及多位政府重要官員的職務，甚至將他們都軟禁起來。加上數年前對皇室血案調查結果的質疑，對於這位新任國王，大部分國民雖然嘴上不說，但心裡還是有意見的吧。

直到離開尼泊爾數月之後（約2005年秋），我才獲知加德滿都街頭爆發了更激烈的示威遊行，要求國王恢復原本的君主立憲政體，將權力還給國民，參與抗議的不再只是意圖革命的毛派份子，群眾中有許多老師、律師、醫生等知識份子階層。

　　然而在國王生日這天，頓迪克爾廣場上的確還是有人參加了慶祝遊行。頓迪克爾位於新城與舊城的交界，是專門用來舉辦官方重要遊行的場地，四周圍起了水泥圍牆，圍牆邊植了鳳凰木、菩提樹等熱帶樹木，中間則是一大片平坦的廣場。入口有荷槍軍警看守，只有外國人以及受邀請的遊行代表可以進入，一般民眾都被擋在圍牆外，大家爬上圍牆，坐在牆上望著裡面的人。

　　我們到的時候遊行已經結束，但是廣場內依然擠滿了遊行隊伍，原來活動已經進行到下一個階段：來自全國各地的遊行代表們可以面見國王，表達祝賀。

　　大蒙族、古倫族、尼瓦人、瑪嘉族、薩魯族等等，來自全國各地各民族村寨的代表們，穿著傳統服裝，有些還帶來了傳統表演。在大太陽下，他們排成長長的隊伍，等候國王接見。

　　等了又等，隊伍行進的速度很慢，過一會兒竟完全停了下來。留在廣場裡的人群紛紛尋找樹蔭，找地方坐下來休息，正午的陽光讓大家都是累斃了的模樣。我想到中學時參加國慶日遊行排練行軍時那烈日當空的操場，肚子裡莫名燒起一把火。然後，消息自前方

慢慢傳過來：國王暫停接見。因爲國王餓了，去吃午飯了。

這消息讓大家看起來更累。累，但是沒有人生氣，只是讓大家想到自己也餓了，大門有軍警看守，不能隨意出入，每個遊行單位派人到街上去買水買餅乾。沒有人說，算了算了，回家去，不見國王了。大夥圍坐成一個圈，說笑、分餅乾吃，就像農忙時田邊的休息一樣，泰然自若。

好像只有我一個人在心裡氣憤，也許因爲從一開始我就不是打算來見國王的。從西北方坤布區（Khubu）來的大蒙族媽媽指手畫腳地告訴我，她們走了半天的路下山、又坐了兩天車子好不容易才到加德滿都，只是曬一天的大太陽又算什麼呢？

回過頭，看見原本趴在圍牆上好奇的市民可能覺得無聊，已漸漸散去。我微笑婉謝大蒙族媽媽要分給我的餅乾（餅乾並不多，他們自己都不夠吃），視線不禁停留在媽媽另一隻手上，那要獻給國王、在烈日下已經萎頓垂下頭的鮮花。

筆　記

【郵局郵寄筆記】

想要寄包裹，因為迷糊的個性，跑去郵局三次才成功。第一次去沒帶紙箱，客服部門（customer service）的官員說一只紙箱要200Rs（嚇得我差一點就把舌頭吐出來），而且他要下班了（工作時間是早上九點到下午一點），要我第二天再來。第二天已經走到半路上才恍然想起是國王生日，全國放假。

＊自己準備大小適中的紙箱帶過去，不要封起來。

不論是航空、海運的包裹，都要先到郵局裡一個叫做「customer service」的部門（其實是報關單位）。

辦公時間是9:00～13:00。早起的鳥兒有蟲吃，這句話在這裡真靈驗。

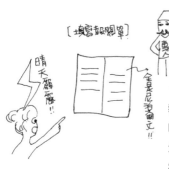

＊填寫報關單。

報關單全是尼泊爾文，但是不用擔心，會有「專人服務」，就像老師一樣，「耐心」協助填寫寄件者姓名地址、收件人姓名地址、郵寄物品名稱和數目等等欄位。

＊然後「專人」會一一核對物品，再把東西都放回箱子裡，這時才能封起來（所以也要自己帶封箱膠帶喔）。

＊繳交一份寄件人護照的影印本（事先印好帶去）。然後重頭戲登場：

此時「專人」在一張舊日曆紙充當的便條紙上計算出「服務費」，也可以說是某種沒有正當名目、沒有收據，卻必須繳交不可的「稅額」，當然必須配合，像是那是必要的手續一般。

＊付過這筆錢以後，報關單就會得到官員的簽名蓋章，我們的箱子也可以接受現場手工縫製大小剛好的綿布套子的服務。一位中年媽媽坐在牆腳角落，一針一線地當場縫了起來。

＊印上塑泥。塑膠在蠟燭上燒一下，稍微融軟後印在棉布套的接縫處。雖然還沒寄出去，幾乎算是大功告成，可以離開這個「專人」服務區。

＊到真正的郵寄部門，交上官員簽名蓋章的報關單，再填一份單子（有英文的），秤重，繳交真正的費用，便是真正的大功告成了！

就在customer service部門就要下班前，許多人抱著箱子跑進來，他們都是要郵寄貨品的當地商人，鞠躬哈腰地，應該是為晚到致歉吧。其中有個生意人跟桌子後方的官員熱情地打招呼，他順手送上兩瓶德國啤酒以後（官員順手收在桌下），接下來「專人」的服務顯得十分順暢，當然比所有人都先得到蓋章的報關單。

國王的生日

皇室悲劇

2001年6月1日，在皇室每週固定舉行的晚宴上發生槍擊，比蘭德拉國王及王后等12名皇室成員遭到半自動步槍射殺。皇室一家人當場死亡，傷重的王儲迪彭德拉（Dipondera）送醫後，醫生宣布腦死。三天後，因有事在外、恰巧無法參加1日晚宴的比蘭德拉國王之弟賈南德拉，舉行登基大典，繼任王位。

新任國王賈南德拉最初宣稱，步槍意外走火是造成悲劇的原因。二週後，新任國王所委派的調查小組作出調查報告，指稱兇手是29歲的王儲。6月1日晚間十點多在皇宮晚宴廳中，酒醉的王儲持M16步槍掃射眾人之後，飲彈自盡。但報告沒有說明犯案動機、王儲槍傷細節，以及當時酒醉的王儲如何隻身以步槍和機槍輪番掃射眾人，而眾多侍衛武官為何沒有及時阻止且都毫髮無傷⋯⋯媒體指出重重疑點，各種揣測、謠傳甚囂塵上。

賈南德拉國王加冕典禮當天，許多為比蘭德拉國王及皇室成員守喪薙髮的民眾走上街頭群聚抗議。這一天新任國王宣布宵禁，並下達格殺令，以驅散抗議群眾。毛派份子等反對勢力持續要求政府重新調查，公布真相，然而至今尼泊爾皇室和政府仍未提出更新的調查報告，或更具說服力的解釋，儘管疑團未解，基於對皇室的尊重，大多民眾已不再公開談論這個讓人驚愕傷痛的事件。

握在手中的鳥

下了一夜的雨，離開加德滿都的清晨天空也是陰的，就和來時一樣。晨間空氣水水的，吸進胸口裡，竟然覺得像山裡的空氣。地面也濕漉漉，背著行李走在街上，沒有什麼路人，車子也不多，許是假日的關係，街道彷彿被淨空，跳過一個又一個水漥，看見一輛輛巴士長長一排停在街道上，像是一個大型旅遊團。

真的是淡季，這輛往波卡拉的巴士上包括我只有三個背包旅人，都被安排在最後一排。這並不是我的座位，號碼不一樣。巴士助手說我車票上的座號不算數。為什麼？我問。因為這不是原來你買的那輛車。助手轉過身，在窄小的走道上轉身和回答一樣流暢熟練，連看都不看我一眼。

「既然不是我的車，為什麼還推著我上車，把我的背包綁上了車頂？」從窄小的座位上跳起來，只是無法和他一樣熟練，膝蓋硬是撞上前排座位的椅背。

「你的車今天不開。」助手一面招呼剛到的乘客上車，收錢，記在本子上，還要抽空回答我問題，他真的很忙碌。車外有人喊他，他應了一聲匆匆奔下車。

環顧一圈，巴士上還有許多空位，車外有許多提著行李的乘客。當地乘客都是到了現場，上上下下逛一逛各輛巴士，選定了才買票上車。明白了，助手說我的車不開，當然不是真話。我預先買了票，車費早就付了，是跑不掉的客人，是被握在手上的鳥；好位子當然得留給錢還在荷包裡、尚未做決定、依然在林子裡飛翔、讓助手必須努力爭取的乘客。

「我的座號位置現在還是空的，難道不能坐嗎？」助手一上車，我又問他。

他似乎沒料到我這麼問，愣了一下才回答：「不可以，那已經有人買票了。」

「這些空的位子也都有人預買嗎？」

「呃，是呀。」

「可是現在才付錢？」

他的頭點得很心虛，「他們早上先打電話來訂的。」

早上打電話？「這麼多現場繳費的客人。你們早上的電話一定多得接不完吧？」想必那些電話就和我那輛忽然不開的巴士一樣，其實不存在。

他無法回答了，有些尷尬地低下頭，但依然動作靈巧地在走道上轉身、收錢、招呼客人。

　　當場揭穿謊言讓我心裡有一點小痛快，但是我依然坐在那椅背固定挺直、空間窄小、最不舒適的座位上（而且在未來八到十小時的旅程中也都只能坐在這個位置上）。無法實際地為自己爭取到更舒服一點、或是更公平一點的待遇，這只是逞口舌之快、毫無用處的阿Q式痛快。

　　而所謂的公平……靜下心想一下，馬上對自己剛剛的追問感到後悔。心裡帶著我所生活的那個世界的習慣，自己認為的公平原則，要求這個世界裡的一位巴士助手必須遵守，逼得他必須說謊，甚至最後還得面對謊言當場被揭穿的尷尬。這就是我剛才所做的事，其實非常不公平。

　　如果留下好位置以招攬客人，是這些私有巴士公司的生存之道，那就是這個世界的公平法則，除了記下來，學會下次當天早早到現場來買票，學會面對任何交易都盡量當一隻在林子裡飛翔的鳥……我這個只是路過的旅客，又有什麼立場好抱怨？

波卡拉【交通筆記】

怎麼去？

1. 搭巴士。當地人和背包旅行者普遍使用的私人直達巴士，價格便宜且方便（一般稱Tourist bus）。

哪裡搭？許多巴士停在Kanti Path（國王路）路上等待乘客。

啥時走？當天早上6：00到現場（出發時間約為7：00）選車購票。若擔心沒有座位，之前可先透過旅行社購買，不過也許會遭遇和我類似情況。

多少錢？車費約200Rs。

搭多久？視路況7～9小時。中間會停留一次休息用餐。

（Green line是外國旅客專用的正牌觀光巴士，座位寬敞且有冷氣，價位也高檔，車費12美金。購票及乘車處都在塔美爾區入口處的Tridevi Marg路和國王路交叉口，7：00出發。）

大家都走光了，我總是一個人在車站徘徊或呆呆佇立，
並不是喜歡聞廢氣的味道，而是還搞不清楚方向呀。

尼泊爾，花花巴士

2. 搭飛機

透過旅行社購票訂位，約69～76美金。想從空中俯瞰雪山，最好搭清晨第一班飛機，山景最清晰，去程選擇右邊靠窗，回程左邊。

抵達恐慌症

可能是因為沒有方向感的緣故，只要是長途搭車抵達一地，就會莫名其妙慌張起來，即使不是陌生地方也一樣（就連在台灣也會）。很羨慕大家可以一抵達就帥氣地跳上計程車，迅速離開現場，明確地往目標繼續前進。

但是不用怕，只要走一段路，熟悉一下這個新地方的新空氣，莫名心跳加速、焦慮冒汗的情況自然慢慢消失了。

無標的旅行

　　　　大片水泥地，坑坑谺谺積著雨水，幾張鐵椅，周圍的黃土雜草茂生，波卡拉（Pokhara）的長途巴士站很空曠，在細雨裡顯得有些荒涼，人群散去後，尤其像是個久無人煙的廢棄場地。拿出地圖，估測出方向，背著行李往水壩區走。

　　開始有三、兩個計程車司機來拉客。路還很遠喔，上車吧，介紹好房間給你喔，很便宜喔……說辭都差不多，但只要態度明確地拒絕，他們很快便自動散去。其實路途不遠，天色還很亮，這個狀況最適合自己慢慢找住宿，可以從四周環境開始看起，有機會和老闆、夥計，甚至鄰人聊一聊。

　　行走也是認識一座小鎮最恰當的速度。

　　波卡拉分為湖岸區（Lake side）和水壩區（Dam side）。湖岸區發展較早，除了民宿旅館，餐廳、旅行社、購物商店也分佈密集，生活機能極佳。水壩區發展較晚，範圍也小，餐廳少，只有一家蛋糕

咖啡廳，沒有購物商店，但是看山的視野好，有些房間一打開窗就能見到在雲端裡開岔的魚尾峰（Machapucchare，音：馬恰普恰兒）。

在路上遇到趕著水牛歸家的農人，撐著兩片半圓形的竹製雨具，人藏在中間，像迎神廟會參加遊行的蚌殼精。一個小女孩趕山羊回家，背後背著一只竹簍子，裝滿了草料，那竹簍綁著布條，布條圈在她額上固定了簍子，兩手輕鬆地晃蕩，嘴上咬著一根草，一隻小小狗跟在她身後，兩只耳朵一高一低。幾個婦人提著水罐，笑嘻嘻，紗麗裙襬拉得高高的，斜著腰一扭一扭地過街。兩個年輕人抓著釣竿，坐在水邊等魚上鉤。

後來在水壩區生活，看到的景象也大致如此。有時雨下得大一點，路上人影少一些；雨一停，太陽出來，大家也都出來，窩靠在一起，一面閒聊，捧著餐盤坐在屋外吃dhal-bhat（豆子飯）；媽媽們端了盆子到岸邊洗衣服，小小孩光著屁股坐在水邊看。太陽最熾烈的時候，孩子們脫光了衣服，聚集在水壩的渠道上洗頭洗澡，帶著滿頭泡沫，一個個爭先恐後，輪番撲通跳下水。

洩洪的那天，所有年輕人都聚集到水壩下游，我也跟著去看熱鬧。水流滔滔翻滾，他們全身只穿著內褲，站在岸邊目不轉睛地盯著河水，忽然有人叫喊，聽見撲通一聲，好像有人落水，大家激動起來，拔足往同一個方向靠過去，我沒搞清楚狀況，但忍不住跟著跑，跑向前，在人群縫細中，看見一個渾身水淋淋的青年，手上竟

然捧著一條一公尺長的大魚，得意洋洋地笑。

原來水壩洩洪，水流速度太快，大魚們一個失去控制，撞上岩石便暈了。眼明手快的人便趁機跳下激流，彷彿救生員一般，把暈過去的大魚給抱上來。說起道理很簡單，只是一切都發生在瞬間，非耳聰目明、身手矯健再加點運氣是辦不到的，猜得出來岸邊這些摩拳擦掌、躍躍欲試的小夥子，應該是附近村裡水性最佳的幾個，他們身邊都跟著幾個跟班，幫他看管脫下的衣物、在稍微上游處幫忙搜尋水裡可能的魚蹤。

我站在岸邊好半晌，也目不轉睛直勾勾盯著溪水，從未看見過水裡的大魚，每一次都是跟著人群瞎跑，最後目瞪口呆地看著想像不到的大魚被個咧嘴笑的人雙手高高地提著。

聚集看熱鬧的人越來越多，餐廳廚師也來了，現場一手交錢，一手抱魚，最新鮮、剛昏倒的魚。

剛到波卡拉時便在水壩區找到一幢二層樓的民宿，一、二樓加起來有十個房間，我的房間外就是陽台，和在加德滿都住的地方相似，也有許多大窗子。這幢屋子獨立一棟，四方都是田地。隔壁鄰居是傳統磚房，院子裡有一口井，井旁就是廚房，一口簡易的灶也安在井旁，白日裡就著天光，做飯、洗澡、洗衣都在這裡。後面一塊地種滿了一排排香蕉樹，前面是菜田，嫩綠的油菜苗才剛剛鑽開泥土冒出來，視野都是綠的。

雨季也是插秧的季節。全家不分男女大小一起下田，還有互助的鄰人。農村尚未機械化，黑水牛是最有力的耕田好手，小區域的田用人力推著犁來耕，力氣小的婦人和孩子們也沒閒著，在水田裡踩來踩去，用腳來耘田，撿出田裡的大土塊弄碎或把大石頭丟出去。「要進來一起玩嗎？」經過時，年輕人對我們招手。不是工作，是「玩」，他們真的用這個字呢。

　　我跟著鄰人下田去。他們的田已經整好，正在下秧。我跟著一個小姑娘，負責從苗田拔起稻苗，整理成把以後，交給插秧的人。一個人負責一道水田，彎著腰，握著秧苗一束束插進土裡。她們一邊插，一邊閒聊，氣氛很悠閒，聊得興起，竟然玩起泥巴仗。然後趁著太陽熱力尚猛，成群到溪邊洗澡、洗衣。

　　大家習慣露天洗浴，女人也不例外。先是褪掉紗麗，將襯裙往上提到胸口，紮緊繫帶，然後將襯裙裡的其他衣物脫掉，就這樣穿著一件筒裙從頭開始洗，泡在溪裡，互相搓背，依然在聊天，一高興又打起水仗。黝黑皮膚上的水珠，在陽光下閃耀著晶瑩的光。

　　在波卡拉的時候過得毫無目標，沒有去景點，沒有去登山，每天下田玩泥巴、泡在冰涼的溪水裡、去看人抓魚，或是沿著田埂毫無目的一直走到盡頭。我的心享受著時空截斷的自由感，沒有我可以承繼的過往也沒有可以延續的未來，直到必須離開的時刻來臨。

筆 記

【山中健行筆記】

＊往安娜普納基地營健行，必須申請入山許可證，2000Rs。不一定要透過旅行社，自己跑去辦也可以，申請單位是波卡拉移民局（Immigration Department），在水壩區入口附近（參照地圖）。

＊健行每日食宿費用約15美金。

＊嚮導並非必要，視個人需要而定，入山後可能遇迷路或生病、體力不支等意外情況，有嚮導較安全，建議到波卡拉多家比價當面對話後，再決定嚮導人選，嚮導費用每日10～15美金，挑夫每日5～6美金（此價格已包含他們住宿及三餐費用）。

＊費娃湖四周環繞群山高度都在兩千公尺上下，當天步行可到山頭，無須申請許可證。最靠近湖岸區的沙郎寇（Sarangkot，現已修好公路，可搭計程車上山，自湖岸區步行需3小時）、西邊的卡思基寇（Kaskikot，約12公里，3～4小時腳程），南邊的努哇寇（Nuwakot，約15公里，4～5小時腳程）都可上山觀看日出和雪山山景。

【波卡拉生活筆記】

臨著費娃湖（Phewa lake），遠眺馬恰普恰兒（Macchapucchare，魚尾峰）和安娜普納（Annapurna）雪山，小鎮波卡拉美麗恬靜。

鎮內交通：湖岸區和水壩區之間有通行的巴士。或是步行。或是租自行車、機車。

住宿：湖岸區（生活方便）或水壩區（視野好）目前都民宿密集，選擇很多，基本設備的單人房約100～200Rs，雙人房約150～250Rs。

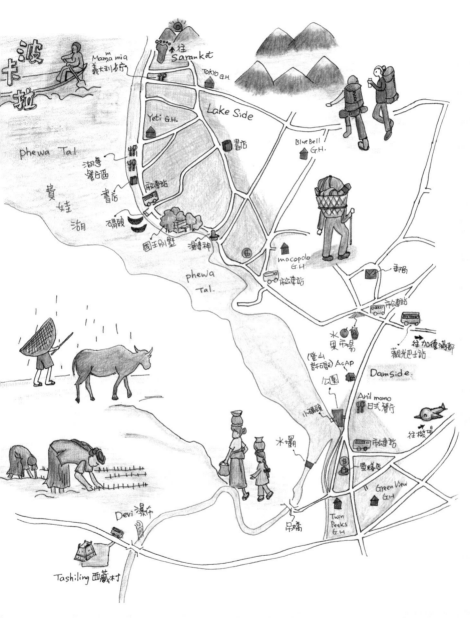

波卡拉

Mama mia 義大利考房

往 Sarankot

TOKYO G.H.

Yeti G.H.

Lake Side

書店

Blue Bell G.H.

phewa Tal

湖邊餐飲區

書店

公車站

費娃湖

碼頭

國王別墅

濕婆神

macopolo G.H

公車站

phewa Tal.

西藏

公車站

水果市場

往加德滿都

(登山許可證) ACAP

觀光巴士站

Dam side.

Anil momo
日式餐行

往機場

小瀑布

公車站

水壩

雪樂店

Green View G.H

Devi 瀑布

吊橋

Twin Peaks G.H

Tashiling 西藏村

洗呀洗——

日正當中，大家都想玩水，到河邊去洗衣洗澡，不分男女老幼，一天可以洗上好幾回，洗澡像是夏日裡的全民活動。

穿過村子的一條水道，孩子們一個個迫不及待往下跳，在空中擺出各種姿勢，還以為正在舉行跳水比賽咧。水流急速，跳進水裡後，只要把頭伸出水面，順著水流，不用花一點力氣似的，流到下游一點的地方，岸邊堆著石塊形成自然的階梯，七手八腳爬上來，奔往上游處，跳下，再爽一次。

小小孩藝高人膽大，只有三、四歲的模樣，在窄窄的河堤上一下跑來跑去、一下跳下水，忙得不亦樂乎，媽媽遞給他一塊肥皂，要他跳水順便洗頭洗澡，他樂得一面玩水一面玩泡泡。

最後的尼泊爾味

夙納利（Sunauli）是尼泊爾和印度之間開放的邊境口岸之一，人群來來往往，步履匆忙。一條路直直通向關口，關口前運貨卡車、巴士、汽車、摩托車、三輪車和行人、攤販塞滿了街道，喇叭聲四起。

約略看得出靠左行駛的規則，但規則真的只是規則，道路太壅塞，所有人都是見縫插針，不肯錯過任何一點隙，唯恐稍不留神便會讓旁人擠到前頭去。車子不但可以擠到對面車道上，可以隨意原地迴轉，就算橫著走也行。

晨間自波卡拉出發，午後就能夠到達邊境，在關口前找間旅社留一宿，第二天繼續往南走，通過由兩根細長竹竿架成的柵欄下方，便告別了尼泊爾。這裡就像是尼泊爾谷地邊緣往南的開口，熱呼呼的空氣，平緩的地形，來往人群的衣飾模樣，都明顯地和北印度極為相似，尼泊爾的味道似乎在黏答答的熱氣流裡逐漸稀釋了。

晚餐在旅館附設的餐廳用餐，天氣太悶熱，連老闆都不想待在大廳裡。屋外露天擺了幾張桌椅，旁邊簡單搭起的木架安置料理台和爐台，原來廚房也在這裡。外面空氣流通，只是蒼蠅多，還有來往車輛揚起的煙塵。

　　廚師是個來自波卡拉、笑容爽朗的小夥子，做出的豆子飯令人驚訝地好吃，吃飯時幾個年輕人在我們周圍晃蕩，有一句沒一句插進來聊天。尼泊爾怎麼樣？來過幾次？去爬山了嗎？哪一座山？波卡拉呢？喜歡尼泊爾嗎？望著他們覺得有些熟悉，自北方邊境一路南下，看到許多尼泊爾年輕人共同的特徵也出現在他們身上——擁有許多時間、大量精力，卻又無從著力發揮的悵惘和無奈。

　　一個十多歲的少年撇頭用鼻子指了一下竿子對面的方向，「那裡很可怕，你很快會回來的。」肯定的語氣，像個預言師。

　　「你是說印度嗎？怎麼可怕，很熱嗎？」

　　少年皺起鼻子，「熱，還有人，到處都是騙子。」

　　「怎麼知道？你去過嗎？」

　　偏了一下頭表示去過，「兩天我就逃回來了。」

　　「尼泊爾沒有騙子嗎？」

　　「那不一樣，完全不一樣。」他加強語氣地挑起眉毛，對我伸出兩根手指，「兩天。我猜你們也是兩天就會逃回到這裡。」

　　老實說，少年的說話方式也是稀釋了的尼泊爾風格，他也許不

知道自己有多像印度人。

　　到櫃檯為晚餐結帳，老闆結算金額寫在一張紙上，夥計交給我看，我給了一張紙鈔，旁邊的一名夥計收了過去，交給老闆，老闆找了錢交給他，他再交給我。走出大廳，看見廚師在收盤子、擦桌子，一名清潔工提著水桶指揮著另一名趴在地上擦地板。層級分明的印度。

　　旅館旁一間小小兌鈔處，空間只容一個人坐下，後面一扇門通向他們的住所或辦公室，前面放一張桌子，客人站在桌子對面，感覺得到裡面有冷氣透出來。裡面坐著的人有張和旅館老闆相似的面容，只是多了顆金牙且年輕些。問過他提供的匯率，不太好，記得下車處附近也有一家，寫在牆上木板的匯率數字似乎較優惠。

　　決定走過去詢問，才知原來木板上的數字只是引誘客人的裝飾，隔著鐵窗回答的是個更年輕的傢伙，鬈髮且金牙，看著我時，眼神和言詞一起閃爍。還沒等他說出下個數字，不理會他的呼喊，我毅然轉頭離開。轉身時發現街角有個熟悉的身影，回頭再看一眼，發現是適才餐廳裡提著水桶的清潔工，我對他笑了一下算是招呼，但他似乎受到驚嚇的樣子，心虛地側過身，目光調開，假裝看別的地方。有些古怪……

　　沒理會他，我沿著街繼續前往下一家兌鈔窗口。一個說話聲音爽朗的男人，有張北方山區民族輪廓的臉，完全不避諱地一面回答

我問題一面數錢，回答明確，抬頭看我的眼神也是，是絕不吃虧的精明生意人眼睛，但不會詐欺我佔小便宜。換了錢往回走，那個偷偷摸摸的身影不太高明地又出現在我眼角，和我視線相接，他尷尬地摸頭傻笑。

是旅館的換錢處老闆派他來的。想看我換了錢沒，又換了多少。果然一回到旅館門前，金牙老闆就迎上來問我，「他換給你多少？」我聳肩笑一笑，沒有回答，直接走回我樓上的房間。派小廝跟蹤客人打探消息，這種做生意的方式，就我所知只有印度有。

開闊的綠野、溪水裡嬉鬧的孩子、一起插秧的婦人們……已經變成記憶了。提醒著我將離去的是個多麼甜美怡然的國度。

當雙腳踏上這片平坦的土地時，便明白我的舒服假期時光已經結束，只是我不知道，在還沒有離開這個國家以前，我已經開始想念她了。

筆　記

【出關筆記】

陸路出關前提：已備有印度簽證。（外國人雖可在加德滿都的印度大使館申請印度簽證，但唯持台灣護照的我們不被接受，需先在台灣申請。）

怎麼走？

1. 自加德滿都（新巴士客運站）可搭乘巴士到比爾甘孜（Birganj），車程約10小時，宿一晚，第二天出關前往印度的拉克索（Raxaul）。

2. 自波卡拉可搭巴士到百拉瓦（Bhairava，可請旅行社或民宿代為購票，在Tourist bus站上車，車費約270Rs，車程8小時），換乘巴士往邊境夙納利（3分鐘，6Rs），宿一晚，第二天再出關。

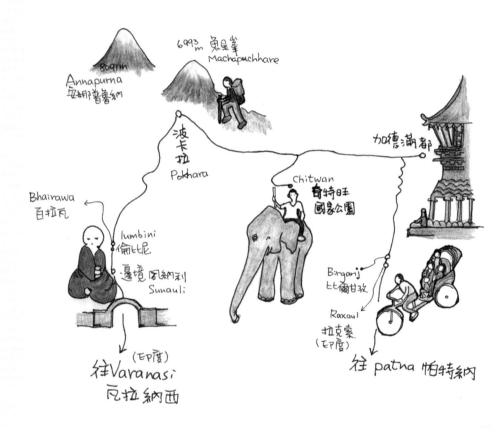

我的小麻煩

侵犯的手

出門在外一切生疏，難免會有些麻煩，例如在人多的地方，女生有可能遇到那隻騷擾的手。

走在加德滿都老城區阿山路附近的市場巷子裡，人擠著人，三輪車擠著三輪車，忍不防感覺屁股被捏了一下，猛一回頭，後方擠著男男女女，其中幾個人也睜眼回應我的視線。無法分辨是誰。

和幾個女生旅人聊過，其中數人也曾有相同的經驗，屁股或臂膀，捏一下或摸一把，事發地點都在阿山街附近。大家的感覺也很相似，當下都有些難以置信，事後回想覺得噁心，肚子裡一團火。

之後我經過那一帶，心裡有了提防。一次剛好被我逮了個正著－－感覺似乎被摸了一把，想都沒想我伸手順勢一探，竟抓住了那人的手。也不知哪來的力氣，我緊緊握住他的手腕，小夥子嚇了一大跳，回過神時早已滿臉通紅，他試著要對我擠出得意的笑臉，失敗了。因為我正惡狠狠瞪著他說，要叫警察。他迅速抽開手，在人群中鑽進鑽出，逃之么么。

撫著胸口，心跳得好快。但我再也不怕他們了。

當地人告訴我，那絕不會是尼泊爾人，「這麼低級的事，一定是印度人幹的。」不論男女竟然都異口同聲這麼回答。（好像一定會是這樣的答案？我是尼泊爾人的話可能也會這麼說的。）因為觀光業發展，在加德滿都塔美爾區和古城區新近都有不少印度移民。

無論如何，被惡意摸一下，真的很噁心，但絕不是我們的錯，不要怕聲張，也不要怕面對那些壞人。其實做偷雞摸狗的事的人，膽子特別小。

腳下的溫軟物體

　　第一天到加德滿都就踩到了，那新鮮的、溫熱的、彷彿依然冒著蒸氣的排泄物。從氣味上無法分辨屬於哪一類主人──狗、人或是牛。

　　第二天才確定排除是人的，這裡不像印度，沒有當街解放的習慣。只是牛、狗難分，不只排泄物，就連習性都相似。這裡的牛和狗一樣滿街亂逛，到處撿垃圾吃，似乎變得葷素不拘，通常都吃壞肚子，那氣味讓人不敢恭維。不管來自於誰的傑作，老城區巷子裡特別多，到處有。尊重生命、不忍殺生的虔誠印度教信徒，讓動物可以隨意在街上行走、睡躺、覓食、拉撒，享有充分的自由空間。當地人似乎也已習以為常，踩到只是一笑置之，不甚以為意。

　　入境隨俗，走在路上除了注意車輛，視線搜尋著古蹟、美麗的老房子的同時，也得隨時分神注意腳底下。如果真的運氣好，中獎了，也許可以學習一位印度醫學系學生的觀點：「那只是一堆氣味不佳的有機化合物罷了。」還好巷道裡都有水池、水井，很容易找到水洗腳。

微熱的鼻腔

　　暑熱和大雨，氣溫急遽變化，加上淋了幾次雨，加德滿都和波卡拉舒適的環境讓身體放鬆了戒備，身體的溫度也失控上升。最先感覺到的是發熱的鼻腔，喉嚨發緊，吞嚥時有些許疼痛。

　　這時候只要連續服用有解熱效果的鎮痛劑和消炎藥，身體就可以恢復，這些都可預先準備，出門前到家醫科掛號，還可順便開些腸胃藥、眼藥水和抗過敏藥。但我打開藥包才想起，在藏尼公路上的定日停留時，把消炎藥都給了一個發燒的藏族小朋友。

　　吃下鎮痛劑感覺舒服一些，晚上也比較容易入眠，但是體溫卻隨著環境溫度時而升高時而降低，一出太陽就正常，太陽下山體溫就升高；吃過藥開始發汗，燒似乎退了，半夜藥效退以後，體溫又上升，到了第三天終於受不了，跑去問櫃檯的阿里先生該到哪裡買消炎藥（尼泊爾一般藥房買不到藥，除非有醫師處方），他建議我去找一個他熟識的醫生，可是旅館裡只剩他一個，他暫時無法離開，而我已經無法再等待，於是他熱心地以帶著濃重口音的英文，在紙上畫著地圖，試著讓我明白該怎麼去。

　　就在這時，住在我隔壁房間的一對韓國夫妻正巧經過櫃檯，似乎聽見我們的對話，打過招呼，笑容甜美的韓國太太問我是不是身體不舒服，我點點頭，指著額頭說「fever」。她神秘地對我笑說她是藥劑師，她的先生也是。然後不到十分鐘，我拿到消炎、咳嗽和流鼻涕的全套藥品。

後來才知道這對新婚燕爾的韓國夫妻正在進行一年的環球旅程。奇妙的是，在之後往南行的途中，只要我感到喉嚨發緊，出現感冒徵兆，他們就會像天使一般出現在我前方……更奇妙的是，計畫一年的環球旅行，他們只背著大約45公升容量的中小型背包，裡面竟還裝著這麼多藥品！

筆 記

【裝備筆記】

* 薄風衣：如果不是很冷的地方，有些防水作用的GOATEX薄風衣可遮雨防風擋灰塵，較輕便、不佔空間。

* 帽子：有一圈帽緣的漁夫帽很好用，遮太陽又擋雨（無須帶傘，遇大雨時傘也無用，7-ELEVEN的輕便薄雨衣即可）。

* 運動型涼鞋，好走路。多帶一雙穿慣的球鞋，不要穿新鞋。不要帶拖鞋，若有需要當地一定買得到。

* 一個大背包外，習慣帶側背小包，裝隨身用品、相機和當日費用，方便拿東西，人多時移到身體前方，不怕扒手。還有一個後背小包，移動時收在大背包裡；一日健行時可用來裝水和乾糧。

* 貼身腰包，放進證件、機票、旅行支票、大鈔，隨時貼身繫在腰上。平時藏在衣服裡，切忌露在外面。如果住多人房或是浴室在外的房間，即使洗澡也要帶在身邊。

* 衣服、褲子（我個人特別喜歡可以拆下半截褲管的，很方便）多帶一件即可，當地的衣物樣式多、價格便宜。

* 綿質背心，穿在最裡面，夏季旅行氣候熱的地方，以多層次的洋蔥穿法，熱時就將外衣一件件脫掉囉。也可以當睡衣。

* 女性用品，當地販售衛生棉種類不多，多為印度進口，有習慣用的品牌還是自行帶去較佳。

回頭張看

我像深夜的大路

正靜靜傾聽著

自己記憶底足音　　　——泰戈爾《漂鳥集》

夙納利邊境上軍警駐防人員比想像中多，他們背著步槍、手上抓著長棍，成群立在關口邊，準備通過海關的當地居民也比想像中多，有些人步行，更多是與家人和一堆行李一起擠在三輪車上。

　　軍人握著長棍在行李間戳戳翻翻，檢查仔細、通關步調慢，關口前大塞車。是因為太陽大天氣悶熱等候過久，大家都擰著臉緊抿著嘴一副心緒惡劣的模樣？我拿著相機在這片混亂中穿梭，拿起又放下，轉來轉去，不知道自己要拍什麼，就是執意想拍。就要走

了，想爲記憶再多留點什麼嗎？

　　一名盤查的軍人忽然對著我走過來。關口前不准拍照？心機警地跳快了兩拍，下意識堆起笑臉，若是遭訓斥就笑嘻嘻裝傻，不知者無罪，應可耍賴過去吧——軍人踱過來緊抿的唇漸往兩邊牽動，「你這台相機是哪裡製造的？」

　　啊？一時反應不過來，我愣愣望著他。

　　「是印度製的還是日本製的？借我看一下？」

　　喔。我把相機給他，軍人看一眼露出驚喜的笑容，「日本製造的呀，很貴吧？要多少錢？」軍人愛不釋手左翻右翻地看。我在心裡換算著數字，老實回答，「300美金。」

　　這下換他愣愣望著我，我伸出手向他要回相機，他遞給我，視線仍依依不捨地停留在它上面。謝謝。不客氣。他彬彬有禮對我欠身然後離去，幾步遠便舉起長棍喝令一輛三輪自行車靠邊停，一個黑瘦男人跳下車，打開包袱掏出證件接受檢查。

　　對剛才的回答，心裡有一絲悔意，也許該答個三分之一的數字就好，不會讓他這樣受衝擊？

　　想起在波卡拉，稻田裡，一群老人家在艷陽下正忙著收割打穀，田邊樹蔭下年輕人百無聊賴地坐成一排，嘻嘻哈哈打趣，對路過的外國女生打招呼開玩笑。發現這是一個奇怪的遊戲：因爲渴慕大自然的單純美好，我們來到這裡，緬懷在我們世界裡已然失去

的、雙腳踏實踩在土地上的樸質生活；這裡的人卻透過我們，更加引頸艷羨地望著外面豐富物質的世界，他們想出去，想賺更多錢，想得到更多東西，對原有單純生活更感無聊。

已不是某個行動對或錯的問題，是欲念。一如他們對物質想望的欲念，到尼泊爾山中健行、購物、逛古蹟或什麼都不做只是吃喝晃盪的我們也一樣，想要在這裡得到什麼，讓在生活軌道裡掙扎而感到疲倦的心，得以平靜、覺得一絲安慰，有力氣再回去面對。從這個角度看，我們或他們，物質單純或充裕，在人世裡要面對的並沒有不同。

這樣想更覺自己沒有立場對物質較為貧乏的尼泊爾人感到憐憫，反而，當我們看見自2005年持續到2006年四月的平民抗爭，讓意圖獨裁的國王宣布恢復立憲政府，當自古視為天神一般的統治者做錯了，社會各階層人民不畏死亡威脅，起而反抗，吶喊出真實聲音，擁有如此勇氣國民的國家，足以讓人在心裡生起敬意。

尼泊爾是怎樣的一個國家？當我追索著在這個國度裡的記憶時，心裡有個聲音不斷冒出來問自己，直到書寫的這時依然聽得見那聲響，很難以簡單的話語形容回覆，它似乎是許多影像的組合。

在尼泊爾遇見來自各國的背包旅人，其中有不少人也來回走過西藏、印度。這個高山下的國度怎麼樣？我試著向大家尋求看法。很舒服，太舒服了。大家異口同聲這樣回答。暈眩噁心的高山反

應、溼熱黏稠的空氣、意圖詐騙花樣百出的商販、糾纏不休的印度掮客和乞丐、開高價的西藏旅行社……這些在尼泊爾幾乎都不存在，無需提高警覺、繃緊神經，面對每一個走向你的掮客或每一次旅途上的交易，盡可以伸展四肢和目光，放鬆，回應每一朵朝向你的微笑。

以前常在書裡讀到讚美尼泊爾人善良純眞的文字，這樣的形容詞似乎太過一廂情願，但也不無正確之處。也許可以採用比較法：夾處在印度與中國（以前是西藏，當時也頗爲強大）兩個大國之間，相較於藏人的直接率眞、印度人的理直氣壯，尼泊爾人的確顯得謙遜許多。

以印度教爲國教，卻到處見得到佛教的蹤影，信徒們拜過印度教神祇順便再拜拜釋迦牟尼佛，這樣的包容是他處未見的吧。這麼愛笑、懂得微笑的國民也是從所未見，從鄉野山村到城市，不論種族、大人小孩或男人女人，那笑著回應納瑪思ㄉㄟ的面容，讓人從心底柔軟起來。

國家圖書館出版品預行編目資料

尼泊爾，花花巴士　陳斐翡作、繪　尹珪烈攝影
--初版，--臺北市：心靈工坊文化, 2007 [民 96]　面；　公分（Living 003）

ISBN 978-986-7574-92-3　（平裝）　　　　　1. 尼泊爾─描述與遊記

736.39　　　　　　　　　　　　　　　　　　　　　　　92025575

Living　　003

尼泊爾，花花巴士
A summer story from Nepal
圖·文─陳斐翡　攝影─尹珪烈

出版者─心靈工坊文化事業股份有限公司
發行人─王浩威　諮詢顧問召集人─余德慧
總編輯─王桂花　執行編輯─周旻君　美術設計─黃玉敏
通訊地址─106台北市新生南路二段30巷26-1號2樓
郵政劃撥─19546215　戶名─心靈工坊文化事業股份有限公司
電話─02）2341-8680　傳眞─02）2341-8637
Email─service@psygarden.com.tw　網址─www.psygarden.com.tw

製版·印刷─德輝印刷設計有限公司
總經銷─大和書報圖書股份有限公司
電話─02）8990-2588　傳眞─02）2990-1658
通訊地址─242台北縣新莊市五工五路2號（五股工業區）
初版一刷─2007年2月　ISBN─978-986-7574-92-3　定價─260元

心靈工坊 PsyGarden 書香家族 讀友卡

感謝您購買心靈工坊的叢書，為了加強對您的服務，請您詳填本卡，
直接投入郵筒（免貼郵票）或傳真，我們會珍視您的意見，
並提供您最新的活動訊息，共同以書會友，追求身心靈的創意與成長。

書系編號—LV003　　　書名—尼泊爾・花花巴士

姓名 _____　是否已加入書香家族？ □是 □現在加入

電話（公司）_____（住家）_____手機_____

E-mail _____　生日　年　　月　　日

地址 □□□ _____

服務機構 _____　職稱 _____

您的性別—□1.女 □2.男 □3.其他

婚姻狀況—□1.未婚 □2.已婚 □3.離婚 □4.不婚 □5.同志 □6.喪偶 □7.分居

請問您如何得知這本書？
□1.書店 □2.報章雜誌 □3.廣播電視 □4.親友推介 □5.心靈工坊書訊
□6.廣告DM □7.心靈工坊網站 □8.其他網路媒體 □9.其他

您購買本書的方式？
□1.書店 □2.劃撥郵購 □3.團體訂購 □4.網路訂購 □5.其他

您對本書的意見？
封面設計　　　　　□1.需再改進 □2.尚可 □3.滿意 □4.非常滿意
版面編排　　　　　□1.需再改進 □2.尚可 □3.滿意 □4.非常滿意
內容　　　　　　　□1.需再改進 □2.尚可 □3.滿意 □4.非常滿意
文筆／翻譯　　　　□1.需再改進 □2.尚可 □3.滿意 □4.非常滿意
價格　　　　　　　□1.需再改進 □2.尚可 □3.滿意 □4.非常滿意

您對我們有何建議？

▲您的意見，我們將轉貼在心靈工坊網站上，www.psygarden.com.tw

廣　告　回　信
台 北 郵 局 登 記 證
台北廣字第1143號
免　貼　郵　票

台北市106新生南路二段30巷26-1號2樓
讀者服務組　收

免　　貼　　郵　　票

（對折線）

加入心靈工坊書香家族會員
共享知識的盛宴，成長的喜悅

請寄回這張回函卡（免貼郵票），
您就成為心靈工坊的書香家族會員，您將可以——

⊙隨時收到新書出版和活動訊息

⊙獲得各項回饋和優惠方案